出众表达

清华大学演讲课

王晨琛——著

人民邮电出版社
北京

图书在版编目（CIP）数据

出众表达：清华大学演讲课 / 王晨琛著. -- 北京：
人民邮电出版社，2021.10
ISBN 978-7-115-56574-7

Ⅰ．①出… Ⅱ．①王… Ⅲ．①演讲－语言艺术 Ⅳ.
①H019

中国版本图书馆CIP数据核字(2021)第099872号

内 容 提 要

作为演讲者，应该如何缓解自己的紧张情绪？

撰写演讲稿时，应该如何确定演讲内容，怎样行文才能更好地吸引听众？

演讲时，怎样把自己的情绪饱满地传达给听众，使别人认同你的观点？

担心自己的演讲不够出彩，采用哪些技巧才能全程吸引听众的注意力？

实际场景中如何应用学到演讲技巧？

以上问题你都能在本书找到答案。

本书将作者在清华大学教授的演讲课程内容进行了提炼升华。全书共五章，分别从演讲者心态、内容输出、情绪传达、吸睛技巧及场景实战，全方位帮助你提高演讲效果，让演讲不再枯燥，助你轻松成为演讲达人。

本书行文生动活泼，案例丰富，实用性强又兼有原创方法。跟随作者的亲身经历，快速掌握演讲技巧，让演讲提高你的自信，助力你的成功！

- ◆ 著　　　　王晨琛
　　责任编辑　　恭竟平
　　责任印制　　彭志环

- ◆ 人民邮电出版社出版发行　　北京市丰台区成寿寺路 11 号
　　邮编　100164　　电子邮件　315@ptpress.com.cn
　　网址　https://www.ptpress.com.cn
　　北京虎彩文化传播有限公司印刷

- ◆ 开本：880×1230　1/32
　　印张：8.5　　　　　　　　　　　2021 年 10 月第 1 版
　　字数：182 千字　　　　　　　　2024 年 9 月北京第 8 次印刷

定价：59.80 元
读者服务热线：(010)81055296　印装质量热线：(010)81055316
反盗版热线：(010)81055315
广告经营许可证：京东市监广登字 20170147 号

给读者的信

热爱学习、不断提升自我的朋友:

你好! 首先恭喜你从茫茫人海中走来,选择用这本书来提升自身的语言表达能力。我要感谢你的信赖,我也无比相信这是你的一个非常明智的选择。

你知道吗? 曾经的我可能比你还内向。上小学的时候,每次被点名回答问题我都面红耳赤、心脏狂跳、全身颤抖;上中学的时候,每次清点男生人数我只能深深地低下头来数男生的脚! 然而,就是这样一个女孩,成功地通过考核走上了清华大学的讲台;也同样是这个女孩,在全国青年培训师授课总决赛中,创造了平均每一分钟一万元的课程价值,成为当时全场最高课程价值的缔造者和最佳人气缔造者;也同样是这个女孩,她不仅走遍了祖国的大江南北,还去往澳大利亚、马来西亚、越南、印度尼西亚、新加坡、日本等国家进行街头演讲、课堂分享。

跟你分享并不是要证明我有多厉害,而是要证明改变我的工具有多么厉害! 我知道,胆小、羞怯、自卑、敏感等心理如果一直跟随我,那我可能会一辈子碌碌无为。我曾经尝试了各种方法去改变,甚至推开了心理咨询室的大门,然而,我发现这些对我来说都无济于事。到底是什么改变了我呢？我可以负责任地跟大家分享，是演讲！

经历了种种蜕变失败的尝试后，我在想，我要怎样才能快速地获得自信，获得他人的认可呢？我要怎样才能快速并大量地被他人关注和重视呢？突然我灵光一闪，不就是当众讲话吗，于是我开始逼迫自己创造每一次上台的机会，尽管一开始我全身发抖，话筒都抖得掉在地上。但是没关系，第一次、第十次、第一百次、第一万次之后，我真的变了。

尽管当时的我还在拼命地探寻求索，但是不得不承认这个方法起到了作用！所以今天的我真的要发自内心地感谢演讲！是演讲，改变了我的性格；是演讲，改变了我的生命状态；是演讲，让我拥有了谋生的工具；是演讲，让我有能力去帮助更多的人；是演讲，让我更加有使命感，让我找到了生命的价值和意义！可以说，演讲是我生命中不可或缺的一部分！演讲，给了我第二次生命！演讲，重塑了我的灵魂！

读一本书，就像在和写书人对话，因此作者的经历对书本的内容有着不容忽视的影响。我一直感恩演讲改变了我的命运，同时，我也看到许多学生通过对演讲的学习，由自卑走向了自信，由沉默走向了幽默，由难受走向了享受。很多学生在课程反馈中表示，"学了演讲整个人都变了""都说我更有魅力了""学演讲后开窍了"……演讲改变了我，也改变了一波又一波的学生。我相信，演讲同样也可以改变你！我们的故事也由此拉开帷幕。

演讲，没有等出来的美丽，只有讲出来的精彩。

正因为演讲如此重要，所以早在10年前就有出版社不断跟我约稿，但苦于平时忙着演讲或授课，工作量太大，我没能好好静下心来写作，导致出版之事一拖再拖。虽然之前我也参与编著了超过20本图书，并跟其他老师合写过演讲教材，但是撰写自己的个人专著，这还是第一次。我是一个追求完美的人，如果写得不尽如我意，不如不写。一直到3年前，一位出版社的朋友找到我，并多次向我表达了诚挚的邀请，她鼓励我说："晨琛，你在清华大学的课程那么受欢迎，为什么不把你的授课内容集合成书，让更多的人受益呢？"我深以为然，再想到有的学生要周专门坐火车从外地赶来清华园旁听，在宾馆住一宿再赶回去，实在是太辛苦了！如果能出一本讲解演讲的书，大家就可以随时随地学习演讲了！更重要的是，这几年中我见证了越来越多的人因为学习演讲而改变了自己的命运！于是，我下定决心着手准备！

我希望这本书能尽可能多地体现出我的原创理论，与大家分享我在主持、演讲、做评委时积累的案例，以及我修改个人演讲稿和辅导企业融资招商路演的经验教训。当然，除了自身案例和新案例，我也保留了经典案例，使本书中的案例纵贯古今、横亘中外。同时，我希望这本书能够拓展你学习的广度和深度，所以本书的内容既包括"千万不要克服紧张"的理念、"六大词语手势"锦囊，也包括我压箱底的"催眠手势"法宝、演讲背后的原理、演讲遇到尴尬如何处理背后的人性剖析、会销招商路演成交顺口溜和我多年前提出的即兴表达"三X法则"，以及场景表达的万能钥匙——"背媳妇秘籍"等。我非常重视"思想＋模板＋话术"所带来的落地效果，从而让演讲"小白"看完本书能张口就来，有一定基础的人看完一开口就能让听众的注意力聚焦。当然还有更重要的——提升你阅读本书的体验感。我为重要的书面文字中不易理解的部分都提供了配套的表格、图片，我也亲自拍摄了视频以便给你最直观的感受，同时提高了本书的亲切感和互动感，一个个文字仿佛是我正在跟你聊天呢，所以我把本书定位为"演讲私教课"。

由于平日里还要教学与演讲，常常不能连贯性地写作，所以一旦有大段的空闲时光加上灵感喷涌，我总是舍不得停笔，常常要等到眼睛酸痛得好像下一秒要"瞎掉"才会从电脑前起身一会儿。记得有一次晚上11点多，书稿终于完成了阶段性小目标，我很有成就感地站起来活动身子，想起自己今天好像少做了什么事儿，但又想不起来是什么事儿。这时候，我看到柜子上面的饭盒才恍然大悟，自己一天都没吃饭呢。虽然不能与先辈王羲之在故事中蘸着墨汁儿吃馒头相比，但我发现人一旦进入某种专注的状态，还真是挺有趣的。一分付出并不总是有一分收获，但是付出跟收获总是成正比的。有一位听过我课程的同行老师，一听说我正在写这本书，就决定推荐给他的学生。感谢这位老师的信赖，这给了我很大的写作动力和信心。

如果说只学一个技能就能给自己带来一系列的改变，那这个技能就是演讲。有人说连续做某件事21天才能初步形成习惯，真的如此吗？你是花多久学会不去触碰烧红的铁块的？一瞬间！所以，掌握本书教授的技巧，你的演讲水平也能在一瞬间提升。

　　最后，让我们一同种下一颗名叫"演讲"的种子。也许你会说，你的普通话很差，可差得过外国人吗？也许你会说，你长得并不美，可难道所有的演说家都拥有俊俏的面庞吗？也许你会说，你很自卑羞怯，可你敢跟曾经的我比一比吗？失去听力的贝多芬可以写出交响曲，只有3根手指能动的霍金可以攻克世界难题，先天智力有缺陷的舟舟可以成为指挥家，没有手没有脚的尼克·胡哲也可以成为超级演说家！演讲面前人人平等，只要你有决心，你也一定可以成为你想成为的人！我在书中等你。

你的朋友：晨琛

二〇二〇年一月一日　于清华园

第三章

情绪传达——一开口就掌声不断

第四章

吸睛绝技——从头到尾都抓魂

第**五**章

场景实战——每次演讲都是焦点

第一章　重塑自我
——千万不要克服紧张

是的，你没有看错！我不会像其他老师一样，告诉你该如何克服紧张，因为越克服越紧张！而且，从某种意义上说，根本没有什么演讲恐惧症，你的恐惧、紧张与演讲无关。如果是上台唱歌跳舞、展示武术、演奏钢琴，你是不是也会有紧张的时候呢？

所以，上台感到紧张几乎是每个人都会遇到的情况！那么，面对紧张，我们到底该怎么做呢？

1.1 你的紧张和演讲无关

紧张是生存进化而来的防御机制

当我们接触到外界中令我们感到恐怖、陌生以及不适的事物时，大脑就会指挥相关神经分泌一种叫作去甲肾上腺素的激素，这个应激激素可以让我们有意识地保护自己不受到侵犯。就像有人见到毛毛虫会不自觉地大叫一样，这个应激激素会让我们产生心跳加快、喘粗气、出冷汗、手脚冰凉、浑身颤抖等反应，而这些反应正是紧张的表现，如图 1-1 所示。

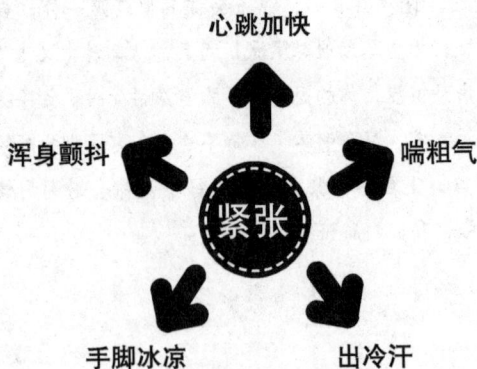

图 1-1 紧张的表现

紧张是一种本能，是身体不由自主地进入戒备状态的一种表现。这一点是人类的自然属性。

在大自然当中，动物在怎样的处境下最危险？毫无疑问，当它独自在毫无遮掩的地方，同时还被许多双眼睛盯着时最危险。这种状况是不是像极了人们上台演讲时的场景？这种紧张已经深深地进入了人们的潜意识，并时刻影响着我们的生活状态。

所以，提到演讲，有人会摇摇头连连摆手说："不行，我有演讲恐惧症，会紧张的！"真的是这样吗？你真的是因为"演讲"而紧张吗？如果是上台唱歌跳舞、表演魔术、演奏钢琴，你会不会也紧张呢？你大概也会面红耳赤、手足无措吧。明明很熟悉的一首歌，一上台却忘了词；刚刚还在台下与别人侃侃而谈，一上台居然说："大家好，我叫——不紧张！"

所以，听好！根本没有什么演讲恐惧症，你的恐惧与演讲无关！你所面临的问题是"上台"紧张！

别怕！紧张是人人都有的应激反应

几乎所有的演说家在刚开始演讲的时候都有过紧张的经历。

·古罗马雄辩家西塞罗在最初演讲时，曾感到自己"脸色苍白，四肢和整个心脏都在颤抖"。

·美国演说家詹宁斯·布莱恩说，当他第一次站在讲台上面对听众时，他的"两个膝盖颤抖得碰到了一起"。

·马克·吐温第一次站起来演讲时，觉得嘴里像塞满了棉花，脉搏快得像争夺金杯时的百米赛跑。

在清华大学演讲口才课每学期的第一堂课，我都会跟同学们分享这样一段话：

大家知道吗？曾经有一位女子可能比你还内向，上小学的时候，每次被点名回答问题，她都面红耳赤、心脏狂跳、浑身发抖；上高中的时候，她最恐惧的就是周一！因为每周一都要举行升旗仪式，而她要负责清点人数。走在人群中，她在心里默念："1、2、3、4、5……啊——男生！"由于羞怯、紧张、自卑，她不敢看男生。怎么办？数脚！她只能深深垂下她的脑袋，通过数男生的脚来判断男生有多少人！

然而，就是这位女子，成功通过考核走向了清华大学的讲台；也同样是这位女子，在全国青年培训师授课总决赛中，平均每一分钟创造了一万元的课程价值，成为当时全场最高课程价值的缔造者和最佳人气获得者；也同样是这位女子，不仅走遍了祖国的大江南北，还去往澳大利亚、马来西亚、越南、印度尼西亚、新加坡、日本等国家进行街头演讲、课堂分享。

这位女子就是我！

我知道，胆小、羞怯、自卑、敏感的心理如果一直跟随我，那我就完蛋了！我曾经尝试了各种方法去改变，甚至推开了心理咨询室的大门，然而，我发现这些对我来说都无济于事。到底是什么改变了我呢？我可以负责任地跟大家分享，是演讲！

当时我在想，我要怎样才能快速地获得自信，获得他人的认可、关注和重视呢？我想，那就是当众讲话，在人群中表达我的思想，传递我的心声！于是我开始创造并珍惜每一次上台的机会，尽管一开始我全身发抖，话筒都被抖得掉在地上。但是没关系，第一次、第十次、第一百次、第一万次之后，我真的改变了。

所以今天的我要发自内心地感谢演讲！是演讲，改变了我的性格；是演讲，改变了我的生活状态；是演讲，让我拥有了谋生的工具；是演讲，让我有能力去帮助更多的人；是演讲，让我更加有使命感，让我找到了生命的价值和意义！可以说，演讲是我生命中不可或缺的一部分！演讲，改变了我的命运！演讲，重塑了我的灵魂！

所以，不要怕！紧张的心理人人都会有，这只是一种应激反应！并且，这种状态并不是恒定不变的！我能改变这种状态，相信你也可以！

王老师敲黑板

· 你的紧张跟演讲无关。

· 紧张的心理人人都会有，这只是一种应激反应！

· 优秀的演说家也会紧张。

1.2 接纳紧张，与之为友

握紧拳头并抵住桌面，手是不是会疼？如果抵住桌面的力量加大10倍，手是不是更疼？这其实是在告诉我们：我们抵抗得越用力，反馈回来的力量就越大！

同样，你有没有这样的经历：当你面对紧张时，你越是克服紧张、越是排斥紧张，紧张就越是着了魔一样跟随在你左右？紧张就像一个叛逆的孩子，你越压制它，它就越强大；越跟它说不要爆发，它就爆发得越猛烈。所以，当别人跟你说不要紧张时，你的腿常常会抖得愈发严重；当你告诉自己要微笑面对大家时，你上台后的表情偏偏十分严肃。这些强制性的信号往往会起到反作用。就拿上台这件事来说，你总是在心里想着——"不要紧张！不要紧张！"反而会把"紧张"的心理影响放大！

想让手变得不那么疼痛，抵住桌面的力量必须变小。同样，面对紧张，我们不应该去抵制、去克服，而是要接纳、要顺从，和紧张做朋友，如图1-2所示。因为紧张本来就是一股能量的流动，一种情绪的变化，就像开心、激动、失落和恐惧一样，都是人的情感的一部分。而且，紧张并不是完全没有好处的。著名主持人倪萍曾这样与她的好友分享过，"一个人主持节目的时候，什么状态最好，究竟是该紧张还是松弛？应该是松弛到底，再紧张起来三寸，就是最舒服的状态。"她的这句话一直让我记忆犹新。

所以说，演讲也是需要一定紧张度的。我们必须认识到一点：接纳紧张，允许紧张的存在。

图1-2　以不同态度对待紧张的不同结果

"紧张，我的朋友，你来了！"

接下来分享的秘密诀窍，我在课堂测试中屡试不爽，你一定要记牢了："我感受到了演讲时的紧张感，我全身心地接纳这种感觉，并且需要它。"你可以在紧张这位朋友出现的时候，反复默念这句话。我敢保证，没多久，紧张这位朋友自己就会乖乖地离你而去。

面对紧张，我们要有这样的心态：紧张，我的朋友，你来了！你实在是太好了，谢谢你！我爱你！

上台、上台、再上台！

硬着头皮上台，紧张得说不出话，身体不由自主地发抖……或许这就是你对第一次上台的糟糕印象。不知道你留意没有，当你第二次、第三次……第一百次上台的时候，你是不是已经渐渐忘记"紧张"这位朋友了？是的，上台次数越多，你会越来越熟悉上台的感觉，你会越来越能掌控内心的感受，你会越来越自如！一回生二回熟，不要有太大的心理压力，做一件很少做的事情确实让人变得敏感、紧张，但当这件事变得习以为常时，也就不再令人紧张了。

所以，在我的演讲课上，我见证了一批又一批学员的"同台变"效应。"同台变"效应是我在课堂上自创的一个词语，它的意思是演讲课开课时，能够登上同一讲台的两位演讲水平几乎一样的学员A和B，因为上台演练次数的不同，而使他们在结课时的演讲水平差异巨大。上台演练次数多的学员A结课时的演讲水平远远超越学员B，学员A和B之间上台演练次数的差距越大，二者的演讲水平差距也越大。

与紧张为友的同时，要努力抓住各种机会上台、上台、再上台！用行动打败恐惧！

王老师敲黑板

· 你越想克服紧张，紧张越跟随你！

· 当紧张来临时，接纳它，把它当作好朋友！

· 抓住各种机会上台，哪怕上台后只说一句话！

1.3 你到底为什么而讲

紧张大多是因为"自私"

我在讲课时经常会问学员们一个问题："你到底为了什么而演讲？"

有的人回答："我想竞选某个职位，那是我努力了许久的目标。"

有的人回答："我想要推介新产品，如果有更多人购买，这个月就能加薪了。"

有的人回答："作为企业的CEO，公司会安排我进行一些演讲。"

……………

随后，我会继续问他们：

"你演讲紧张的原因是什么？"

"如果……会怎样呢？"

"如果发生……会如何呢？"

"那个只是表象，你'到底'在担心什么呢？"

在一次次刨根问底后，我发现他们的答案往往都可以总结为以下几种：

怕自己讲得不好，影响形象；

担心被嘲笑；

怕丢脸；

怕竞聘不到理想的岗位，加薪无望；

担心丢失客户，减少收入；

怕投资人不看好，创业困难；

…………

这些导致演讲紧张的理由似乎都很充分，但是，它们都不是最好的理由。因为这些理由都说明，你只是站在自己的角度去演讲，你希望通过演讲展示你的产品、你的才华，从而获得别人的认可。也就是说，你的演讲完全是以自我为中心的，你所关注的只有"小我"，因此你才会过分担心。

不难看出，很多演讲者在演讲时更多考虑的是自我得失。简单地说，很多人在演讲时紧张，往往是"自私"在作怪！

有一年，我受邀参加一个活动，在那里，我有幸见到了让我至今仍印象深刻的演讲者。

演讲开始前，主持人请这位演讲者上台。然后，我和许多听众一样，看到了特别震撼的一幕：工作人员就像端盘子一样，将一个矮小的、没有双臂和双腿的人，小心翼翼地"端"到了演讲台的桌子上。是的，你没有看错，是把这个人"端"到了桌子上！他，就是当天要演讲的人。你们猜到他是谁了吗？他是尼克·胡哲。

尼克·胡哲是传奇一般的人物，他一出生就没有双臂和双腿，只有一只带着两个脚指头的"小脚"。这只小脚也被他的妹妹戏称为"小鸡腿",因为宠物小狗误以为那是只鸡腿,想要吃掉它。

他从小就备受屈辱和歧视,甚至想过自杀。可就连自杀,对于没有手脚的他来说,都变成了一件异常困难的事。最终,尼克·胡哲打消了自杀的念头,转而去做演讲。他希望通过讲述自己的故事来影响别人,帮助那些陷入困境的人摆脱困难,战胜自我。虽然一开始处处碰壁,但他从未放弃。如今,他已成为享誉世界的著名演说家了。

一开始,我和台下的听众一样,更多的是被尼克·胡哲的身形所吸引,然而开讲不久,我就被他所讲述的内容深深地吸引和打动了。在演讲的整个过程中,他的脸上没有一丝自卑和悲伤,反而始终洋溢着自信的笑容。我当时在想,需要有多么强大的内心,他才能做到如此坦然!

难道尼克·胡哲在演讲的时候不担心台下的人笑话他的上台方式吗?难道尼克·胡哲在演讲的时候不担心自己的身形遭到非议吗?我相信,曾经笑话或非议过他的人,在听到他的演讲后,就会改变想法。尼克·胡哲的演讲之所以成功,是因为他在演讲时所关注的并不是他自己,而是演讲的内容能给别人带来什么样的帮助和启发。就像他自己说的那样:"我这副身板,戴上帽子在街头也会立刻被别人认出来,所以我已经很出名了,我做演讲不是为了沽名钓誉。我不在乎别人对我的目的产生怀疑,只要我做的事能改变哪怕一个生命,这一切奔波就值得了。"

朋友们,当演讲的"焦点"从只关注自己的"小我"转变为关注他人的"大我"后,你的注意力就会更多地集中到自己所做的事、所说的话是否能对别人有所帮助，是否对别人有意义、有价值上，此时，你的紧张情绪就会有所缓解。

演讲是为了帮助更多人

最开始学演讲时，我只是为了改变自己胆小、羞怯、自卑、敏感的性格，证明自己。当我慢慢地从一个演讲学习者、受益者的角色转变为一个演讲践行者、教学者、传播者的角色时，当我发现越来越多的人因为我的演讲分享而走出困境时，当我发现越来越多的人跟我学会用更好的表达改变命运时，我所感受到的能量是不一样的。

当我们演讲的"焦点"从只关注自己的"小我"转变为帮助他人的"大我"后，连听众的能量也都附着在你的身上，为你助力。在清华大学的全校公选课或专业必修课上也好，在中国学生课堂或留学生课堂上也好，每当收到学生反馈说"您让我觉悟""这门课改变了我的一生""收获太大了、太有趣了""我开窍了"的时候，我都感觉能量满满。每当我看到来自不同院系的中外学生以及一些旁听者们由惧怕演讲到享受讲台的时候，我越来越感受到自己对于他人的意义和价值。每当有学生笑着告诉我"老师，我已经把这门课推荐给我室友了！""我把男朋友也'拐'来听你讲课了！""老师，我已经把这门课推荐给我们班的同学了！"的时候，我觉得正是学生们把他们最质朴、最纯真的心交托给了我，我作为一名老师、一名演讲者，就会在无形中感觉到自己的责任重大，因为我的演讲、我的授课不是为了我自己！当从"小我"变成"大我"后，所有听众、学生的能量都将附着在我身上，让我更有能量！

有时候，这种能量可以让我达到忘我的状态。有一次，我给一家银行的快要退休老员工分享调节情绪和压力的方法时，我为一位因为某事长期陷于低落情绪的学员进行了单独调节。当我用了 NLP（Neuro Linguistic Programming，神经语言程序学）的快速调整方法后，对方告诉我："老师，这件事对我的影响为'0'，我想开了！"那一刻，我的眼泪差点溢出来，我紧紧地抱住她……回到家，我跟母亲开玩笑说，"今天即使一分钱不挣，我也觉得值了！"在这个世界上，难道还有什么比提升一个人的认知更有意义和价值吗？我越来越能感受到演讲给我带来的无穷力量！

我喜欢到世界不同的地方去进行公益演讲。有时条件很有限，根本没有时间去提前准备什么，随时随地都可能要开始一场演讲。这些时候，我最在意的是如何为别人排忧解难，帮助需要帮助的人摆脱困境，而不是担心自己今天的形象会不会不够完美，自己的声音是不是不够动听。我记得玉树地震后不久，我独自前往玉树当志愿者，刚下车我就蓬头垢面地演讲了，但我得到的依然是阵阵掌声。

演讲就是这么一件神奇的事，当你超越了"小我"，全身心地想着如何帮助别人时，连紧张都会被你"感动"，离你远远的，不来给你捣乱。

放大演讲格局，让演讲具备社会价值

著名的"伟大的领袖如何激励行动"的演讲者西蒙·西涅克说：

"我演讲的目的是给予。"这也是我非常认可的一句话。演讲时之所以紧张，就是因为我们太过于关注自己、在意自己了，过于把自己当成了"焦点"，忽略了演讲的内容对观众的意义。这种将焦点放在自己身上的演讲，是一种"小格局"的演讲。

相反，当我们放大格局，把"焦点"集中到台下的听众身上，我们在演讲时想的就不再是自己是否紧张、讲得好不好了，而是我所讲的内容是否对听众有价值，我怎样做才能让听众变得更好，这才应该是演讲的本质和灵魂所在。所以，演讲绝不是关起门来自我练习和陶醉，也不是展示华丽的辞藻和案例供听众欣赏，而是应该打开门，融入社会，通过演讲让听众变得更好，让演讲具备社会价值。

王老师敲黑板

·不论你所演讲的内容是什么，过于关注"小我"都会让你更加紧张！

·焦点不要放在自己的表现是否完美上。

·将演讲的焦点从"小我"转化为"大我"，放大你的演讲格局，你才能放下紧张，关注真正应该关注的！

·演讲不仅仅是为了展示自我，要帮助他人、造福社会。

1.4 两个动作缓解紧张

有一种很流行的说法：人类最恐惧的是当众讲话，而不是死亡。简单地说就是，我死都不害怕，却怕当众说话。

温斯顿·丘吉尔是有史以来最著名的演讲家之一。不过，在他的职业生涯初期，他也曾经因为演讲紧张而感到焦虑。

有一次，丘吉尔需要在英国议会上发表自己的观点。虽然他已经事前做好了充分的准备，然而等站到台上准备演讲时，他竟然大脑一片空白，什么都想不起来了！当时有人这样记录这个情景："丘吉尔默默地站在那里，直到他自己无法忍受，他回到了自己的座位上，把头埋在手里。这次的失利，让他比以往任何时候都害怕站起来说话。"

可见，演讲紧张并不是普通人的"专利"，就连古今中外的一些演讲大师也不例外！这么一想，是不是觉得心里平衡多了？

前面我们是从心态上跟你分享了如何面对紧张情绪，这里我再从方法上为你提供能够缓解紧张的秘籍，这个秘籍其实只有两个动作。掌握了这两个动作，你基本就能与"紧张"这个朋友和解了。

深呼吸

当人们紧张时，胸部和喉咙就会收紧，这样会阻碍气流的流通，让你忽然感到心跳加快、呼吸急促。这种情况在上台前尤其明显。

遇到这种情况时，我的秘诀就是：让自己深深地吸一口气，吸入腹部，感觉在肚子上放了一个游泳圈，肚子一下子鼓了起来；然后憋住这口气一段时间，再长长地吐气，感觉肚子上的"游泳圈"慢慢变瘪。吸气、憋气、呼气的时间比为1∶4∶2，比如你吸气3秒，就憋气12秒，吐气6秒。同时，你也可以尝试让吸气和呼气的时间比为5∶5，中间不憋气。比如，吸气5秒，不憋气，然后再吐气5秒。这个方法可以快速提升大脑的含氧量，从而让你感到放松。

如此反复，你会越来越自如。

脚抓地

有些人一站到台上，就紧张得双腿发抖，好像马上就要跌倒在讲台上了。这个时候请将你的10个脚指头使劲儿地往地下抓，把自己的脚想象成一棵树的树根，自己就是这棵树。每个脚指头犹如根上的分支，想象每个分支在往地心的方向疯长，10米、50米、100米、1 000米，你会发现自己越来越稳。你也可以和伙伴一起面对面练习：把你的两只手搭在伙伴的肩膀上并试图去摇晃他，看看你的小伙伴是不是抓得足够稳，如图1-3所示。

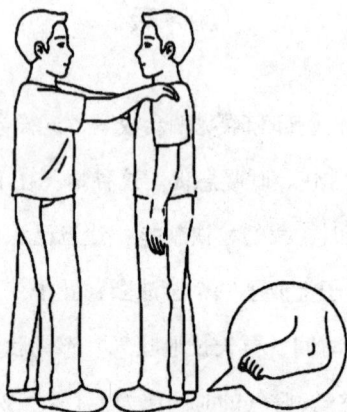

图 1-3　脚抓地

以上两个小动作看似简单，但关键时刻一定可以派上用场。

王老师敲黑板

· 放松的两个动作：深呼吸和脚抓地。

· 放松的方法还有很多，比如多做手势或放慢语速。

1.5　缓解紧张的核心秘籍

大道至简，不经历复杂的简单是一种苍白，但经历复杂后要能回归简单。所以，我缓解紧张的核心秘籍就是练习、练习、再练习！

勤能补拙是良训，一分辛苦一分才。书中的内容只能为你指路，路终归需要你自己走，要想摆脱紧张心理，勇敢登台练习就是你必须要做的功课。

任老师是我的合作伙伴，同时也是我的好友，他是著名的语言矫正专家，我们经常一起为残疾人举办各种公益演讲课程。既然是语言方面的专家，任老师的语言能力一定超级棒吧？

可在一次用餐时，任老师告诉我他小时候口吃相当严重！

在读小学时，一次课堂上，老师让他站起来回答问题，因为没准备好，他站起来重复了好几遍问题，结果老师当着全班同学的面说："你怎么口吃呢？以后可不能这样了！"这句话让任老师产生了巨大的心理障碍，从那以后，他的口吃情况不仅没减轻，反而越来越严重了。

上大学后，任老师学的是法律专业。学法律的人口吃，这简直是件"要命"的事！在课堂上发言时，他的口吃经常惹得同学们发笑不止，这让任老师很是烦恼，同时他也下定决心：一定要战胜口吃！

从那以后，任老师每天早上6点起床，在学校的花园里朗读名人名著、诗歌、散文、报纸等；不管自己说话时是否有口吃现象，每天上课至少发言一次；每两周参加一次演讲比赛。就这样坚持了一年多的时间，任老师发现自己的口吃有了明显改善，不仅能够正常讲话，当众讲话也变得越来越轻松自如。如今，他把自己战胜口吃的经验编成了专业教材，同时还在全国多个地区开办了自己的语言培训连锁学校，以帮助更多的人。

毫无疑问，任老师的经历证明了一点：任何人的语言才能都不是天生的，哪怕你内心胆怯、笨嘴拙舌，甚至有严重的口吃，通过一系列刻苦的练习，就能够突破自我、勇敢上台。记住，高超的演讲才能永远属于那些认真、刻苦、持之以恒、勤奋学习的人。

那么，我们应该如何科学有效地进行练习，才能摆脱紧张心理，轻松自如地登台演讲呢？

日常练习做到位，上台不会掉眼泪

任何事情的成功都不是一朝一夕的，所以如果你是个内心胆怯、不敢上台的人，那么一定要坚持日常练习。

·对着镜子练习。对着镜子能让你清楚地看到自己的仪态举止和表情，有助于自我改进。

·练习时，请亲人和朋友当听众，让他们时不时给予你反馈。

·你的宠物或者周围的物品都可以成为你的听众，想象自己就站在听众面前，你的练习也需要像真的演讲那样富含感染力。

·录音或录像。像真的演讲一样进行模拟练习，同时为自己录音或录制视频，方便及时发现问题并纠正。

·用计时器计算时间，要练习到能在固定时间内滚瓜烂熟地讲完全部内容。

·抓住当众表达或者上台演讲的机会，比如公司开会时主动发言，参与公司产品路演沙龙等。

·练习时要遵循一定的规律。比如，听众从少到多、从熟悉的人到陌生人，演讲的内容从熟悉到不太熟悉，演讲时间从短到长，演讲环境从安静到嘈杂，等等。当然，有些人正好反过来做可能会更容易适应。

突击练习要做好，临阵磨枪抱佛脚

如果确定了某个时间要进行一个重要的演讲，你该如何突击练习呢？

·对练习中找出的语句不通顺、表达不清晰的地方进行再次修改。如有更好更新的案例、数据时，随时替换增补。心理素质较高、愿意接受变化的演讲者可以坚持修改，直到登台前的最后一秒，以尽善尽美；心理素质不太高、不喜欢变化的演讲者，哪怕有一个超级棒的想法，我都建议在上台前24小时内不再对稿件进行任何调整，除非涉及原则性错误。

·反复练习。单纯的文字对我们来说可能难以记忆，图片的效果就完全不同了，所以可以尝试着把演讲的内容转化为几张图片，以回忆图片的形式回忆内容。

·为自己准备提示卡。提示卡的大小以手掌能握住而听众看不见为标准，在提示卡上写出关键词或画出关键节点图，以免出现忘词的尴尬。当然，我个人不太建议使用提示卡，因为脱稿演讲是一种态度。

王老师敲黑板

·要想提升演讲水平，日常练习和突击练习都必不可少。

·日常练习贵在坚持，坚持才能改变，坚持才能提升！

·科学练习，把文字变成图片记忆，练习要因人而异。

1.6 演讲开始前需要做的准备

戴尔·卡耐基在总结自己的演讲经验时说过："一切成功的演讲，都是来自充分的准备。"用我的话说就是："没有准备，就是准备失败；什么是最好的准备？就是时刻准备着！"

林肯在某一天的凌晨时分仍在修改演讲稿，他甚至跑到隔壁国务卿西华德的房间里，将自己的演讲稿声情并茂地念给他听，让他提意见。第二天用过早餐后，他又沉浸在演讲里，直到有人敲门进来，提醒他该去活动现场了，他的准备工作方才告一段落。这次演讲就是 1863 年 11 月 19 日林肯最出名的葛底斯堡演说，演讲的时间约为 2 分钟。

苹果公司的前首席执行官乔布斯也是一位演讲专家，他在新产品发布会上的演讲堪称经典，但你不知道的是，他的每一次演讲至少要准备 1 个月以上。

虽然修改讲稿直到最后一刻并不适合所有人，但我们内心的状态应该是时刻准备着的。

在演讲前，你需要询问一两个有见解的人，请他们提出建设性的意见，而不仅仅是表扬。例如，他们明白你演讲的内容吗？你讲的内容有连贯性和逻辑性吗？他们认为你演讲的语速是快还是慢？……然后根据他们的意见来进一步修改讲稿的内容。做上述准备可能会比较麻烦，但每个成功的演讲者都是这么走过来的。

除此之外，在上台演讲前，你还需要做如下准备。

上台前要做的事

·了解听众。上台前应对听众有一定的了解，比如听众的年龄、学历、职业、喜好、困惑以及对本次演讲的期待等。我一般会了解得比较详细，甚至听众是否用过餐等我都要提前知道。当然，这些信息越早了解越好。

·前瞻后瞩。了解本次演讲活动的主旨，是否还有其他同台的演讲嘉宾，与主办方沟通了解各位嘉宾的出场顺序及演讲主题……除非是讨论会，否则应尽量避免演讲内容的冲突和重复。

·梳洗装扮。洗澡洗头，让自己看上去干净整洁；整理仪表，让自己看上去挺拔优雅。

·熟悉场地。提前找到演讲台，站在上面找找感觉，避免陌生感。

·人物配合。提前确认音响、话筒、翻页笔、投影仪、灯光、音乐、提词器和计时器等道具是否准备到位，并保证这些道具完全无故障。与主持人确认开场介绍词中的要点及出场方式，并与相关工作人员沟通后续配合情况等。

·提前暖场。在一些特殊场合，上台前可以进行身体暖场，比如扭扭脖子、扭扭腰，号召大家一起做运动等。有些场合也可以进行心理暖场，比如先和听众聊聊天，聊一些轻松的话题，最好是与演讲内容毫无关系的，这样可以拉近自己与听众的距离。

·掌控时间。若时间允许，可以准备标准版、短版、长版3种类型的演讲稿。因为随着外在情况的变化，主办方可能随时要求你在演讲时增加或减少时长。

让自我放松的方法

·充分休息。演讲前切勿绷紧神经，应保持平常心，充足的睡眠和休息是必需的。

·放下结果。不要考虑太多演讲后的事情，把眼前的事情做好，过度思考结果有害无益。放下结果，但不放弃追求。

·加强运动。运动让人头脑冷静、思维敏捷，适当运动对自我放松有所助益，但不要剧烈运动。

·解放天性。可以大喊大笑，放飞自我，不要太在意别人的看法，别人并不会过多地关注你，所以你在意的问题他们可能并未发现。放轻松，你没你想的那么差劲。

·提神醒脑。如果你担心演讲时激情不够，在演讲前可以尝试喝一杯咖啡、茶水或可乐。

·面部放松。通过做脸部动作放松脸上的肌肉，比如张大再闭紧你的眼睛和嘴巴，做一些鬼脸暗示自己没什么大不了的，不过尽量不要被他人看到。

·保持活力。保持充满朝气的精神状态，让你的激情迸发出来。暗示自己做得非常棒，接纳自己、认可自己、信任自己。

·假想听众。把听众想象成你的朋友，他们没有攻击性，性格非常温和，他们友好的笑容也让你们之间的互动变得更完美。

·加大动作。加大演讲中的肢体动作，动作可以改变情绪。

·穿上"战袍"。你的着装就是你的盔甲，选对"战袍"，会帮助你提升自信，放松自如。

王老师敲黑板

·演讲没开始，准备工作就没有结束！

·自我放松，是上场前的重中之重！

第二章　内容输出
——演讲得用实力说话

听众在台下听你演讲，不是因为你长得好、声音美、互动多，最主要的原因是你的演讲内容足够精彩。记住：内容永远排在第一位！

好的演讲需要有明确的观点和符合逻辑的层次。

那么，在有限的时间内，你该向听众输出什么样的内容呢？

2.1　好演讲的 3 个标准

在分享这部分内容之前，我先问你几个问题。

当超市或商场出售商品时，店员仅是把商品卖出去就万事大吉了吗？

当送货司机在送货时，只是把货物送到仓库门口就算完成任务了吗？

当你在台上演讲时，只是把内容传递给观众就结束了吗？

你一定会毫不犹豫地回答：不是！

没错，一个好的演讲者，一定要让听众在听演讲时，与演讲者有一种身与心的沟通与交流，最终产生共鸣，并能引起听众做出相关行动。否则，就像你在商场或超市买东西时，店员连眼皮都不抬一下，把东西随便递给你，收完钱就算完成任务；像送货司机把货物运到仓库门口，至于货物该交给谁、谁负责搬运，他都不操心。这样的"买卖"，你还有兴趣吗？我想很多人都不会考虑有下一次。

你可能会问："既然好演讲要与听众形成有效的交流并产生共鸣，那我怎样才能做到呢？是不是在演讲时多微笑、多一点肢体动作，或让声音更抑扬顿挫些就能做到呢？"

不！没那么简单！一般来说，演讲的好坏可以通过现场观众的反映得出，我总结了 3 个字的标准，即"哇""哈""嗯"，我称它们为"演讲三口之家"，如图 2-1 所示。

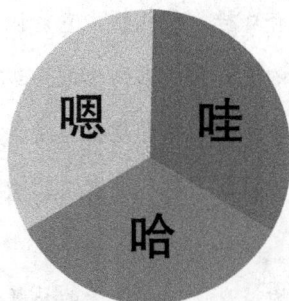

图 2-1　演讲三口之家

哇→原来如此→听众感到出乎意料。

哈→如此有趣→听众感到风趣幽默。

嗯→的确如此→听众感到心服口服。

"哇"——这太出人意料了！

你应该有过这样的经历，当有人跟我们讲一件特别意外、出乎我们意料的事情时，我们听完后往往会发出"哇——"的一声。这表示我们很震惊，或表示我们听到的内容很令人惊讶、惊叹。这件令人惊讶的事情就会激起我们的好奇心，接下来我们可能就会问："怎么会这样呢？那接下来怎么样了？"我们会很想知道事情接下来又发生了什么变化。

在《我是演说家》这个节目中，有一位名叫张小雨的选手，她的演讲题目是《我想活下去》。她的开篇是这样的：

"如果告诉大家有这样一份礼物，它能让你和分开很久的家人团聚，能让关系疏远的朋友重新回到你的身边，你还能通过它交到很多新朋友，收到很多鲜花，你的周围全是赞美和鼓励你的声音。得到这份礼物，你还能收获一年甚至更久的假期，你是不是特别好奇这份礼物是什么？"

这时，不仅场下的观众，就连场上的导师都很好奇这份礼物到底是什么，为什么能获得这么多的好处，大家都盼望着拥有这份礼物。

随后，小雨说出了大家万分期待的答案："它就是白血病。"

"哇——"这个结果肯定是全场观众没想到的，因此产生了让听众意外的效果。这样一来，小雨的开场便成功了。

再比如，有一次我给中国银行的学员辅导演讲稿，主题是如何服务客户，跟学员探讨后，我们拟定了3个分论点：第一，挖客户的痛点；第二，不平等待遇；第三，事要过三。

我相信你一定有兴趣了解一下，对吗？

我们要通过打造悬念收获听众的"哇"声，这样，抓住观众的心、"引爆"观众的情就更简单了。

"哈"——这太好笑了！

演讲时，越让人感到轻松、享受、开心的演讲，大家越有兴趣倾听，这也是在全国公益巡讲中，我们把演讲跟演唱结合在一起的原因。大家更乐于接受娱乐的形式，所以它可以吸引更多的人前来听我们演讲。

当然，平时的演讲很难请歌唱家或歌手来助场，为了让大家感到轻松、享受、开心，演讲过程中穿插一个幽默的故事或有趣的段子，听众自然就会和看演唱会、听相声一样哈哈大笑。所以，我总结的这个"哈"字所代表的就是好演讲的第二个标准，即演讲的内容要风趣幽默。

幽默既能够消除听众的心理防线，使听众更容易接受你传达的信息，也能够化解演讲中的一些"致命尴尬"，为演讲营造良好的氛围，从而保证演讲的效果。

有的人可能会说："我最不擅长的就是讲笑话，有时讲了别人也不笑，弄得我好尴尬。怎么办啊？"这种情况下，你最好别一开场就讲笑话，可以在演讲中间适当穿插一些幽默段子。当然，这还需要我们平时多多积累幽默素材，我们可以尝试从以下几方面入手。

王老师敲黑板	
积累幽默素材	从网上或书本上搜索一些幽默素材，如某些趣闻、见解等；也可将你在生活中听到的某些话语，或发生在自己、朋友身上的一些有趣的事当成素材
运用幽默素材	只要有合适的机会，就把你积累的段子讲给不同的人听，甚至可在一段时间内对不同的人讲同一个段子，提高对这些幽默素材的掌控能力
运用幽默照片、视频或道具等	演讲时，可根据实际情况展示一张幽默的照片，插放一段幽默的视频或使用某个幽默道具调动起听众的情绪。比如有次主持的时候，我拿衣服开玩笑说："今天现场各个领域的领军人物、明星很多，为什么偏偏是我主持呢？因为我这衣服，白！开场不白，怎么开场？"
运用不同语言	如增加方言或外语等

"嗯"——说得太对了！

相信你对乔布斯很熟悉，有些人还亲切地称他为"乔帮主"。我相信很多人都听过乔布斯的演讲，尤其是他在斯坦福大学毕业典礼上的演讲，被公认为是一次非常成功的演讲。可在这场演讲中，乔布斯始终没有脱稿，演讲过程中也没有什么肢体动作，语音语调的变化也不明显，演讲结构也很简单，可为什么这篇演讲会被很多人誉为经典呢？原因就在于他所演讲的内容获得了大家的认可，并与大家产生了共鸣。

演讲是信息的传递、能量的转移、磁场的共生。当你的演讲获得了听众的认同，唤醒听众内心的某种力量，甚至让听众做出相关的行为时，你的演讲才算真正产生了价值。

这时候，现场听众往往会通过点头，发出"嗯嗯""说得有道理""就是这样"的声音来回应。所以，这个"嗯"字表明了大家对你的认可，说明大家与你产生了共鸣。

电视剧《水浒传》中有这么一段内容：宋江在上梁山后，做的第一件大事就是在聚义厅里竖起"替天行道"的大旗，对跟随自己上梁山的兄弟进行了一番慷慨激昂的演讲：

"我们这些人，哪个生来就是强盗？无非是奸臣当道，残害忠良，我们才被逼上梁山，不得不反！我等都是有志之士，只是报国无门！又有哪个生来愿做草寇，脸上带着两行金印，一生被世人耻笑？我等兄弟在此共聚大义，并非只为打家劫舍、杀人放火，贪图一时快活。各路义士相聚在这梁山，为的就是除暴安良、抚国安民、匡扶正义、替天行道！"

话音刚落，堂下众义士便群情激奋，振臂高呼"替天行道"，场面十分火爆。

宋江的这篇"演讲"成功地激发了堂下"听众"的认同感和共鸣感，因此也获得了"一呼百应"的效果。试想一下，哪个"听众"听到台上的"演讲者"说出自己的心里话，能不连连点头，"嗯，嗯"地表示同意么？

王老师敲黑板

一个"多问"、两个"多说"、三个"多用"——打造"嗯"。

·一个"多问"：多问认同的话，比如"是不是""对不对""同意吗？"。

·两个"多说"：多说对方想说的话，多说共同经历。

·三个"多用"：多用数据与事实，多用对比，多用反问。

2.2　确定合适的演讲主题

总有人问我："老师，当我遇到一个可以上台演讲的机会，我却不知道该讲什么，这时该怎么办呢？"

是啊，机会的大门都向你敞开了，怎么才能把握住呢？

学校组织一个传播正能量的演讲比赛，你也想去试一试；

公司组织一个研讨会，你作为公司的新人，领导想听听你的想法；

在一个情感沙龙中，导师邀请你就某个感情问题谈一谈自己的见解；

你是一位社会公益人士，被邀请参加一次公益活动，需要进行15 分钟的分享；

…………

这些时候，最让你头疼的问题是什么？

我相信，有 90% 的人都会被一个问题难倒，那就是演讲的主题。

演讲的第一步就是确定主题，也就是你所演讲内容的中心思想是什么。只有确定了合适的主题，你的演讲才有中心和灵魂。但选择一个好的主题并不容易，有时可能梦里寻"她"千百度，醒来之后，"她"依然不知在何处。

演讲主题一定要充满正能量

在这里，我分享一个确定合适主题的方法——"三交法"，如图 2-2 所示，即寻找演讲者、听众和场景 3 个条件的交集。

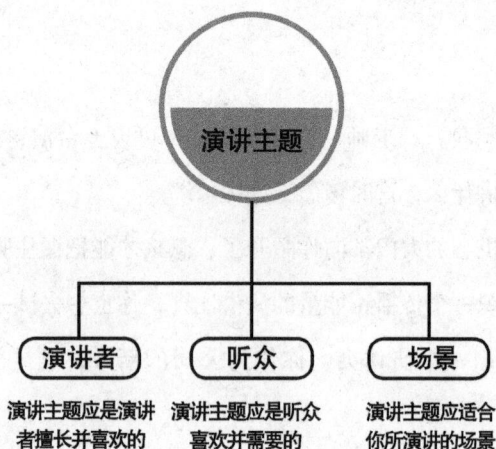

图 2-2 "三交法"

那么，具体该怎样确定演讲主题呢？我给你的建议如下。

正能量能够给予人希望和动力，能够促使人不断追求圆满幸福的生活。而且，正能量能够激发听众的积极性，为听众带去一份愉悦，并激励听众进取。

王老师敲黑板

不管在任何时候、任何场地，面对任何人，你所演讲的主题都应该是具有正能量的。这是选择演讲主题的"万能定律"。

说到这个话题，我不得不再次提到演说家尼克·胡哲，我发现没有四肢的他演说时一直保持着自信的微笑，眼睛里还闪烁着动人的神采，这些都深深打动了在现场的我。他在演说中经常会用自己的故事告诉听众，再大的困境都能被克服，只要你用心地爱自己和这个世界。因此，他的演讲也激励了无数人。

在一次演说中，尼克·胡哲这样说道："有人问我，我觉得自己是这个世界上最快乐的人吗？我要说是的。我对人生的3个真谛——价值、目标、宗旨都很清楚，我知道我要往哪里去，所以我很快乐。无论怎样，满足于你所拥有的，比如，我就很珍惜我的'小鸡腿'。只要你不放弃，爱别人，每天向前走一小步，你一定可以完成人生的目标。"

这样的演讲是不是会让你热血沸腾、心潮澎湃？工作的烦恼、学业的烦恼、家庭的烦恼，原本可能让你焦头烂额，然而在听完尼克·胡哲的演讲后，你会觉得那些烦恼与尼克·胡哲的人生经历比起来，算得了什么呢？连一个天生就没有四肢的人都能活得这么精彩，而我们四肢健全，眼前的一点困难算得了什么！

这样，尼克·胡哲的演讲效果就达到了。这就是演讲的神奇之处！

选择你擅长并喜欢的内容作为演讲主题

专业的演讲者往往会在演讲中建立起一种信息优势，让听众不但喜欢听，还会产生一种如饥似渴的感觉。要达到这种程度，对自己要演讲的主题不擅长、不喜欢行吗？肯定不行。

所以，要讲好一个主题，不仅要非常熟悉这个主题，还要达到非常高的水平，甚至要有预测性的前瞻思维，这样才能针对不同的听众设计出不同的演讲主题，在讲台上挥洒自如。

如果你要演讲的主题对于听众来说属于普遍性的话题，那就更需要深挖这一主题的内涵思想。因为这类主题大家都有所了解，有些听众甚至进行过深入的思考，想要真正吸引听众，你就必须另辟蹊径。比如，你要跟一群年轻人讲婚恋话题，如果你没结婚或没有一定的经验，自己本身也不知道什么婚恋故事，那么要想讲得精彩恐怕不太容易。

当然，如果你的演讲主题相对于听众来说比较小众化，那么你不是这个领域的专家也没关系，对主题内容达到了解程度即可。比如，你要对一群中学生做一次关于世界经济发展趋势的演讲，就不需要讲得过于深入。

最后，也是非常重要的一点，你要喜欢你所演讲的主题，喜欢可以激发很多的可能性。

投听众所"好"

林肯先生曾说："当我准备发言时，总会花三分之二的时间考虑听众想听什么，而只用三分之一的时间考虑我想说什么。"

不同的听众，喜欢听的内容也会不同，所以在演讲前，你有必要先弄清听众群体是学生还是农民？是新入职员工还是企业总裁？男性多还是女性多？年轻人多还是老年人多？然后再"投其所好"，制定主题和内容。

"投其所好"的策略在演讲中非常重要，如果听众不能对你所讲的内容产生兴趣，无论你讲得多么激情澎湃，也注定是一场"自娱自乐"。而演讲者也会因为现场听众不能与其形成互动而感到孤独、尴尬，毫无成就感。相反，当你的演讲主题是听众喜欢听的、与之相关的内容，就会引起听众的兴趣。而作为演讲者，你也能从听众的反馈中获得快乐和成就感。

不仅是演讲，一些企业邀请我去讲课时，我最反感的就是用同一课件"讲遍天下"，为此，我每次都会在课前要求对方填写一份情况说明表，其中包括以下内容。

·企业的属性、规模、文化、大事件、未来计划等。

·听众的人数、性别比例、知识水平、学历、职务、需求与兴趣、本身特征等。

·听众是否听过类似内容的课程，效果如何，得到这样的效果的原因是什么。

·课程在分享主题方面存在哪些具体问题，公司是如何解决的，结果如何。

· 期待分享的目标、内容、风格等。

· 本次分享前后安排如何，在自己上台前后的分享嘉宾是谁，他们分享的主题是什么。

· 课程的具体时间段，我需要了解听众是否会有饿肚子或现场出现发困等情况，以便调整内容和时长。

· 周边环境及室内环境，分享是在公司内部还是在外部景区，基本设备有哪些，是否有空调，灯光是否可以调节，座椅是否可以移动，是否有桌子等。

所以，一个好的演讲并不是演讲者自己想讲什么就讲什么，而是应更多地关注听众想听的是什么，"多和屠夫说猪，多和秀才说书"的道理，相信你应该懂得。这也要求我每次在企业进行分享的时候，会尽可能多地结合他们行业、企业的具体情况来讲。

场景不同，主题不同

这一点不难理解，不同的场景下肯定要讲不同的主题，这样才能调动听众的情绪，将听众带入相应的场景之中。

比如，在婚礼、庆典上的演讲，你的主题就要欢快、愉悦一些，符合听众的心情；而在葬礼上，你的演讲就要庄重、肃穆一些，要能调动起听众的悲伤情绪。

1883 年 3 月 14 日，马克思去世。1883 年 3 月 17 日，马克思被安葬于伦敦北郊的海格特公墓。在马克思墓前，马克思的亲密战友恩格斯做了《在马克思墓前的讲话》的演讲。他说："3月14日下午两点三刻，当代最伟大的思想家停止思想了。让他一个人留在房里不过两分钟，当我们进去的时候，便发现他在安乐椅上安静地睡着了——但已经是永远地睡着了。"

这样的演讲，一下就让听众产生了身临其境的感觉，也一下就调动起了听众的情绪，将大家都带入对马克思逝世的悲痛中。

有人说："在演讲中，你要告诉大家你将要告诉他们什么，你正在告诉他们什么，你已经告诉了他们什么。"这句话其实就是在强调演讲的主题。一篇好的演讲，必须要有一个合适的主题，你在演讲时也要始终围绕着这个主题，这样才不会跑题，更不会让你的演讲陷入杂乱的说教，从而给听众留下深刻的印象。

2.3 好标题瞬间打动人心

大家都有逛街的经历，有时候我们决定逛这家店而不逛那家店的原因，往往就在于店铺的"门脸"是不是符合自己想要的感觉。同样，在演讲中，一个新颖、生动、恰当而又富有吸引力的标题，往往也会决定听众是否愿意听你的演讲。

乔布斯当初发布 iPhone 时，他是这样大声宣布的："今天，苹果公司重塑了手机！"这是一个很优秀的标题，简短、好记、口语化，一下就吸引了台下听众的注意力，让他们有兴趣听下去。

很多演讲的标题也都具有这样的特点：

·《脆弱的力量》

·《别对我撒谎》

·《凌晨四点的神秘》

·《生死自知》

············

好标题在"达意"的基础上，还需"共情"。关于好标题的具体特点，我总结出了 5 个字，即"最、损、靠、利、奇"，如图 2-3 所示。你也可以通过谐音"最损靠力气"来帮助记忆。下面，我们来看看如何用这 5 个字为一篇演讲设计一个好的标题。

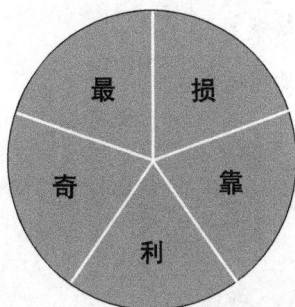

图 2-3　好标题的特点

最：一种挑拨心弦的颤动

在一次我发起的公益活动"绿色旅游世界行"中，我演讲的标题是《眼泪——人类的最后一滴水？》。这个题目不仅概括了演讲的主题、内容和目的，让听众一听就知道我要讲什么，更重要的是，它充满了强烈的情感色彩。尤其是标题中的"最"字，一下就能抓住听众的心，对听众产生一种情感的导向和激发作用。听众马上就会想："哇，眼泪怎么会成为最后一滴水呢？""在什么情况下，眼泪会成为最后一滴水？""如果眼泪成了最后一滴水，我们人类会怎么样？"带着这样的问题，听众就会想知道接下来我要讲什么，我会怎样通过演讲解开他们心中的疑惑。

再如，以下几个标题也可以达到这样的目的：

·《女人永远是最佳辩手》

· 《谁是我最强的对手？》

· 《最不虚构的故事》

· 《人生尽头最遗憾的事》

············

注意，运用"最"打造标题，一定要注意范围和尺度，避免流入"标题党"之列。

损：一语点破痛苦后果

我在教学时，经常请学生闭上眼睛设想一个场景："在万丈深渊之上，有一座独木桥，如果你能在毫无保险措施的情况下成功地走完这座独木桥，桥对面的1 000万元现金奖励就属于你了。"然后，我请愿意尝试的学生举手，举手的学生寥寥无几。紧接着，我加码到5 000万元、1亿元，举手的人数逐渐增多；当我话锋一转"你的孩子在桥对面，假定在毫无保险措施的情况下，走过独木桥是救下孩子的唯一途径。你愿意尝试吗？"这时候几乎所有的学生都举手了。朋友们，这说明了什么？追求"1 000万元甚至更多金钱"的快乐和避免遭受"失去孩子"的痛苦，哪一个更有驱动力？答案非常明显，显然是避免痛苦。

当你直接说某件事会带来某种好的结果时，可能大家并不以为意；如果你反其道而行之，把某件事带来的痛苦后果告诉大家，反而更容易引起大家的注意。

比如，你告诉大家吃水果有很多好处，可能大家并不在意；但当你告诉大家，不吃水果会对身体带来一系列的坏处，如缺乏维生素、皮肤干燥、消化不良、便秘……大家反而开始在意了，"啊，原来不吃水果有这么多坏处，我以后一定要多吃水果了！"可见，相较于对自己有利的事情，人们更关注对自己有损的事情。

这样，你的标题就得到了，如下所示。

- 《夺命60秒》
- 《把婚姻搞砸的真相》
- 《伴侣 VS 伴累》

…………

靠：往名人、名事、名物上靠

"名人效应"大家应该都听过，它的意思就是名人的出现可以达到引人注意、强化事物、扩大影响的作用，所以很多产品都会花重金请名人来代言，很多慈善活动也会请名人参加，以扩大社会效应等。简单地说，"名人效应"就相当于一种品牌效应，因此我们可以提高品牌的知名度，从而带动更多的人参与进来。

我们在为演讲标题命名时，也可以仿照"名人效应"来进行，想办法向名人、名事、名物上"靠"，通过"名人效应"吸引听众的注意力。比如常常被关注的明星地区，如好莱坞、硅谷等；又如明星企业，如苹果、星巴克等；还有一些明星人物，如巴菲特、乔布斯等都可以作为备选。

我曾给一群教育工作者分享老师在学生面前到底扮演着什么样的角色，我的答案是"苹果！"，标题设定为《砸向学生的苹果》，我的开场如下：

在场的各位同仁们，说起苹果你会想到什么呢？红红绿绿咬一口能解馋的苹果吗？一只苹果简单而又复杂。有一种苹果，标志着人类第一次学会了分辨善与恶、美与丑，学会了思考，这就是亚当夏娃吃下的那一个苹果；有一种苹果，改变了电子世界、改变了人类生活的方式，这就是乔布斯打造的苹果。此刻，我要说的苹果，不偏不倚地砸在了牛顿的头上，使得牛顿以惊人的智慧推导出了万有引力定律，开启了新的科技时代！是的，我们做老师的就是要当砸向学生的那个苹果……

看到《砸向学生的苹果》这个标题，你或许会联想到"砸向牛顿的苹果"，没错，我就是"靠"这个"苹果"的名气，来展开自己的演讲的，听一遍就不会忘记。

类似的标题如：

· 《超越星巴克不再是梦》

· 《你在巴菲特的朋友圈吗》

· 《我们比 KEEP 牛在哪里》

　……………

值得注意的是，绝不能为了靠"名"当个噱头来吸引听众，你所讲的内容要和"名"要有一定的关联，否则你的演讲注定失败。

利：从某件事中所获得的好处

想象一下这个场景：你刚刚拿到了一张集体照，第一件事情是在集体照中找谁？一般来讲，人们都会最先找自己，是的，人最关心的通常也是自己。因为我们都是普通人，有七情六欲，谁会不关心自己的切身利益呢？既然这样，当我们在标题中加入有利于"你"的内容时，你会对这个演讲不感兴趣吗？

比如下面几个标题：

· 《像呼吸一样演讲》
· 《三步，让你像巴菲特一样投资》
· 《让你多活十年的游戏》
…………

这样的标题，既容易被听众理解，又能让听众一下子就发现演讲内容可能给自身带来的好处。对听众自身有利的事，听众怎么会不好好听呢？

奇：体现出奇特和与众不同

如果有以下几个标题放在你面前，你会先选择哪个？

· 《玩是一件很严肃的事》
· 《正大光明地"逃票"》
· 《店庆打折优惠》
· 《从0到1，需要什么？》
· 《一元玩转滦县古镇》

无论你的答案是第几个，我相信很多人不会选择第三个。谁愿意主动看广告呢？

现在，网络上随时都会有各种各样的奇闻趣事，有些人和事更是很快就有了知名度。而在这个快节奏的时代，不管是各种广告软文、新闻社论还是演讲演说，读者和听众都很难对那些平铺直叙的标题产生兴趣。因此，这也要求我们在为演讲设置标题时，尽可能地激发听众的好奇心，迅速抓住听众的眼球。

我在为世界五百强企业绿地集团做演讲内训时，有一位来自雄安的学员设计的演讲标题是《荣耀始于梦想，未来不止所见》。这个标题听起来很"高大上"，但似乎有点"空"。我想，如何才能减少标题字数，通过数学公式的形式进行创新并引发听众的思考呢？经过斟酌，我和学员把标题修改为《我＋雄安＋绿地＝？》，同时将这篇讲稿的开头修改为"风＋云＝冷暖，春＋冬＝岁月，天＋地＝永恒，我＋雄安＋绿地＝？"。

大家在台下听到这个标题时，可能马上就会产生疑问："它们相加后，结果等于什么呢？"你看，听众的好奇心就这样被调动起来了！

下面几个"奇"标题都是我曾经辅导的学生用过或我本人使用过的，可以供你参考。

- 《事要过三》
- 《这个黑锅我不背》
- 《越挖痛，越欢喜》
- 《20+520=900？》
- 《对客户要不公平对待》
- 《医生不想让你知道的三件事》

2.4　开场如何一鸣惊人

就像一本书、一部电影、一出戏剧或一个电视剧本一样，一场演讲也包括3个部分：开场白、主体和结尾。三者通常被戏称为"凤头""猪肚"和"豹尾"。开场白、主体和结尾3部分就像是一个三角形，去掉哪一边，这个三角形都会塌掉。

万事开头难。没有一个引人入胜的开场白，你接下来的演讲就难以吸引听众。如果你的开场白呆板无味，等你讲到中间部分时，听众可能早就低下头玩手机了。相反，当你的开场白能像电影《甜心先生》里的那句台词那样——"你一开口就征服了我！"那么你的演讲也一定可以一鸣惊人，一下子就调动起听众的情绪，让听众产生想继续听下去的欲望。

中国移动经常邀请我给他们做提升口才的训练，我还记得有一次上课时我的开场白是这样的：

今天，我总算是回家了（大家疑惑）！（停顿片刻后）经常有学员问我："晨琛老师，你总是在不同的地方穿梭，上次在悉尼讲课，这次在北海讲课，下次又在长沙讲课，你到底在哪儿待得最久啊？"我笑了笑说："移——动——！今天很高兴回家了，我可以听听大家欢迎我的掌声吗？"

这样的开场白具有悬念，还带有一丝幽默，一下子就抓住了台下学员的心，让我和学员们成了"一家人"。

有人可能会说："我最不擅长讲笑话，怎么都幽默不起来！"或者"我要讲的是个很严肃的问题，幽默式开头不合适，怎么办呢？"

其实，除了用幽默的方式开场外，还有不少其他类型的开场白，如开门见山式、名人名言式、自我介绍式、故事式、新闻式、赞美式、警告式、感谢式、定义式、忠告式、道具式、悬念式、数据式、图表式、视听式、活动式、互动式等。到底哪种类型最好，这要由你所演讲的内容、听众的类型以及实际的场景来决定。但任何一场演讲，在准备时我们都要先问自己3个问题，如图2-4所示。

图2-4　演讲前问自己的3个问题

· 为什么要听"演讲"？给出答案：告诉听众听演讲的好处是什么？不听演讲的损失是什么？给出听演讲的"快乐与痛苦"，这也是前面提到过的"趋利避害"的人类本质所决定的。

· 为什么要听"你"讲？或许讲授同一主题的演讲者有很多，听众为什么一定要听你讲呢？因此一定要让听众了解你的专业能力、演讲能力和个人魅力。当然这个部分容易有自夸之嫌，最好交给主持人完成。

· 为什么要"现在"听？给出答案：让听众感受到天时地利人和，现在就是最好的时机。比如会议营销会告诉大家，有史以来最低的折扣就在今天。

好，回答出这3个问题后，你的演讲思路就基本打开了。接下来，你就可以根据自己的答案来设置最适合你的演讲开场白了。

在这里，我给大家分享3个类型的开场白。

感谢式：封住听众的气口

我们先来看一个案例。

1964年年初，秘鲁爆发政治危机，人们纷纷聚集到利马，在总统府所在地的普拉沙·得爱尔玛斯广场上举行示威活动，可谓群情激愤。在局势一触即发的关键时刻，秘鲁总统贝拉文蒂来到群众中间，向他们发表了一篇感人肺腑的演说。他的开场白是这样的：

"你们穿过平原，越过大山；你们忍饥受冻，历尽艰辛来到这里。在表明我的立场之前，首先，作为一个热爱秘鲁的公民，我要从心底里感谢聚集在这里的每一个公民的忧国之情，并且奉上我的友情。在你们的热情面前，我无法替自己辩解，只是希望把所有的事实真相毫无保留地告诉你们……"

作为一国之首，贝拉文蒂在演讲时没有高高在上的架子，更没有对群众进行粗暴的训话，而是放低身份，用感谢开场，同时用到了"忧国""热情"等饱含正能量的赞誉之词。"奉上我的友情"非常清楚地表达了总统对聚集在广场的示威群众的态度，随后提到"我无法替自己辩解，只是希望把所有的事实真相毫无保留地告诉你们"，更是体现出贝拉文蒂总统对人性的透彻把控，危机也随之化解。这样的开场白可谓巧妙至极！

这也在提醒我们，当我们面临冲突时，首先要做的不是马上运用手段消灭冲突，而是要用你的包容与智慧，表现出在某些方面对对方的感谢之情，从而获得对方的认同和谅解，进而从根本上化解危机。这也说明，语言的艺术更是人格的艺术，只有你的人格获得了对方的认可，你的语言才能真正地发挥它的作用！

感谢式的开场白一般都会用在一些比较正式的场合，如颁奖仪式、产品发布会等。感谢式的开场白既显得庄重、礼貌，又能体现出演讲者的真诚，从而带动全场听众的情绪。

相同式：拉近听众的心灵

相同式怎么理解呢？就是演讲者从自己的身上找出与听众相同的地方，或者将自己演讲的话题与听众联系起来，拉近与听众之间的距离，活跃现场气氛。

二战期间，英国前首席丘吉尔在美国做了一次著名的圣诞演讲，这个演讲是以强调双方相同背景开始的：

我今天虽然远离家乡和祖国，在这里过节，但我一点也没有异乡的感觉。我不知道，这是由于本人母亲的血统与你们相同，抑或是由于本人多年来在此所得的友谊……总之，我在美国的政治中心——华盛顿过节，完全不感到自己是一个异乡之客。我和各位之间，本来就有手足之情，再加上各位欢迎的盛意，我觉得很应该和各位共坐炉边，同享这圣诞之乐。

丘吉尔在演讲中娓娓道来，诉说着自己与美国人民的血源关系，还有手足般的情谊，一下就拉近了与听众的心。

我曾给一名手机芯片设计员辅导演讲稿。一开始，他的演讲稿开头是这样写的："大家好，我是一名给手机做芯片的设计人员……"我觉得这个开头太生硬了，就和他探讨了另一个开场方案：

"在座的各位朋友，经常用手机的请举手认识一下好吗？"

很显然，这时台下经常用手机的听众是不会拒绝台上演讲者的这个请求的，而且大家心里也会很纳闷儿："为什么要问我这个问题呢？举手后会怎样呢？"

观众举完手后，他继续说："大家知道吗？我们的手机里如果缺少一样东西，那我们的手机就瘫痪了。你们知道这个东西是什么吗？是的，没错，它就是芯片。而我就是做芯片的……"

大家一听，噢，原来这位演讲者讲的内容是与自己每天抱着的手机有关啊，所以立刻就会感觉与演讲者之间拉近了距离，再听他的演讲也不会觉得生疏了，氛围也调动了起来。

这样的开场白，其实就是在与观众寻找彼此的相同点，这个相同点就是手机。

悬念式：拉长听众的脖子

人人都有好奇心，激发听众好奇心的方法就是在演讲开头设置一个悬念，吊起听众的胃口。

有一次我帮一家企业宣讲的时候，问听众："大家猜猜我手里的这块'石头'是从哪里来的？"（观众疑惑），当听众们都伸长脖子想看个究竟时，我接着说："从天上掉下来的！这回掉的不是林妹妹，但绝对是个'馅儿饼一般'的石头！因为这块石头里面含有一种特别的物质，可以……"

这样一来，听众们的兴致都被调动起来，我才慢慢由石头导入公司的产品项目。

我在为"绿地"集团做演讲辅导时，有位学员的演讲是这样开场的：

"尊敬的各位领导、亲爱的同事们，什么动物跑得最快呢？是猎豹，相信大家一定同意吧。在自然界中，猎豹是跑得最快的动物，甚至比'森林之王'狮子跑得还要快。不管是猎豹还是狮子，或者是地球上的其他动物，在太阳升起的时候，都要开始奔跑。

那么，一个企业呢？是不是天生就会奔跑？这个答案并不唯一，但我可以骄傲地说：绿地，天生就会奔跑。"

这段开场白比较符合演讲的主题《我们天生就会奔跑》，而且也设置了一定的悬念，可以吸引听众的兴趣。但我感觉还差点什么，和学员探讨后，我们把它修改为：

"认真负责的各位评委、亲切的各位同仁，大家好吗？

朋友们，运动员博尔特和狮子谁跑得最快呢？这位朋友你的答案是？你的呢？（现场请两位听众回答后）掌声送给他们，感谢热情参与！我的答案是：'绿地'上的狮子和博尔特跑得最快！"

通过这样的修改，演讲者不仅能与听众形成良好的互动，而且设置的悬念也更加出乎大家的意料。当问题是"运动员博尔特和狮子谁跑得最快"时，大家的关注点可能就会在"博尔特和狮子"身上。

但当我们给出答案"'绿地'上的狮子"和"博尔特"时，大家就会非常意外，而且这样的设置还成功地将问题、标题和企业名称联系在了一起！

还有一次给某农村商业银行培训，我的开场是这样的：

"每天数钱数到手软的朋友们，大家好吗？（大家回应：好！）

一定有朋友私下想，好啥呀，数的钱是别人的，如果是自己的就好了！注意，听完晨琛老师的分享，别人的钱就能变成自己的钱！有的朋友可能会想，这么快？抢银行吧？对！就是让大家"抢银行"！

咱们行长还得支持我带着大家光明正大地抢！（微笑且底气十足地看着在座的行长，手势指向行长）我就是要让你们来抢我这个积累了十多年智慧财富的大脑银行！我打开脑门让你们抢，你们抢得越多我越高兴！"

有学员问我，有没有一个话术工具能作为悬念式的万能开场呢？当然有，比如"今天的演讲取消了！""今天的会议取消了！""今天的活动取消了！"当然，其实并没有取消，此刻正在看书的你，认为该怎么圆场呢？这个问题的答案，晨琛老师想留给你独自思考。希望有机会我们能一起面对面探讨。

需要注意的是，当你运用这种方式开场时，你所制造的悬念一定不能是故弄玄虚。在制造悬念后，在适当的时候一定要解开悬念，满足听众的好奇心，而且这样也能令前后内容互相照应，结构严密。

2.5 结尾如何意犹未尽

有一位来自山东的旁听者，为了听我的演讲口才课，每周都要坐火车来北京，听完课太晚只能住一夜酒店，再搭乘第二天的火车回家，来回花费很多时间的同时还要花费大量的金钱，这对于一个刚踏入社会不久没有什么积蓄的小姑娘来说压力很大。我被小姑娘的认真打动，告诉她可以把每次上课的重点单独跟她在微信分享，不必这么辛苦来现场。没想到，一周后的清华课堂上，我又看到了她的身影，我问她为什么还来，她说："每节课结束的时候，您总是抛出一个悬念，让我忍不住排除万难也要到现场来找谜底。"朋友们，结尾决定着对方对你的最后印象，决定着你们是否还有下次见面的机会，在某种意义上，它比开场白更重要。

正因为结尾如此重要，在每学期的最后一堂课结束后，我常常会跟同学们一一握手道别，有的同学也会过来和我拥抱，这样有仪式感的结尾，会让我们在彼此的一生中都为对方留下一个小标记。

跟讲课一样，演讲的结尾也至关重要，我们要把它打造得和飞机落地时，机轮摩擦地面那一刻一样。所以，如果你说："我的演讲到此结束，谢谢大家！"然后就下台了，那么不论你前面讲的内容多么精彩，这个结尾都会让你的演讲大打折扣！

结尾可以称得上是最后一个说服听众、向听众传达信息的机会。如果你想要达到让听众不断回想的演讲效果，如果你想在听众的尖叫声和欢呼声中完美离场，你的结尾就必须精彩！

那么，到底什么样的结尾才能让人印象深刻、意犹未尽呢？

这里跟你分享一个我自己的演讲结尾。有一次我受邀到重庆的一个大型体育场发表主旨演讲，我是这样结尾的：

"为了此次公益演唱演讲会，我们的老师投入了大量的时间和精力，却不赚一分钱，这到底是为了什么？在他们身上，我看到的是一颗颗不求任何回报决然付出的真心，我看到的是一种回馈家乡父老最感恩最深情的告白，我看到的是他们身体力行地诠释着"教育家、思想家"这6个字的重量！所以，今夜，让我们一起来品读这精神的结晶；今夜，让我们一起来共叙这生命的情怀；今夜，让我们一起来净化我们的灵魂。大家说，好吗？！"

这样的结尾，不仅道出了举办此次公益活动的初衷和目的，还用排比句发出了深情的召唤，听众的热情立刻就被点燃了，并对接下来的活动充满了期待。所以，结尾其实并不是结束，而是一个新的开始。

这里重点和你介绍4种结尾方式。

总结式：强调主题，深化重点

总结式结尾即对演讲内容进行概括、总结，是演讲时常用的一种结尾类型，常用的句式有以下几种。

· "重复一下我所讲的重点……"
· "总之，我们可以看到……"
· "综上所述……"
…………

总结式结尾将演讲中所讲的重点逐一列举出来，或者对重点内容做一个精简的归纳，便于听众理清思路，对演讲的内容形式记忆。当听众听到你这样说时，也知道你的演讲即将收尾了。

在《超级演说家》这个节目中，有位演讲者名叫陈铭，他的那篇名为《女人永远是最佳辩手》的演讲至今仍被称作经典。在演讲结尾时，他用的就是总结式结尾："所以，在人生的辩场上，女人永远是最佳辩手，男人总是输，女人总是赢，那只是因为——爱。"

在前面的演讲中，陈铭谈到了女人如何善辩、撒娇；男人如何从之前的说理发展为后来的深思，发现女人并不是"辩手"，而是一名"裁判"，继而为男人感到悲哀；之后再进一步深思，最后在结尾处对前面所讲的内容进行了一个升华性总结：这一切都是因为

"爱"。一个"爱"字扣题，干净利落。

　　这里也要提醒你：结尾的语言越短，起到的效果可能越好，越能让听众产生依依不舍之感，听众对演讲内容的记忆也会愈发深刻。

号召式：鼓励观众，即刻行动

　　号召式结尾就是在你的演讲快要结束时，运用极具鼓动性的语言来鼓励和号召听众有所行动。比如一些竞选性的演讲，演讲者在演讲结尾时往往会说一句"请大家投我一票！"，这就是最为典型的号召式结尾。常用的格式有"请……吧！""让……吧！""一起……""我们要……"等。

　　著名民主战士闻一多先生，在他的《最后一次讲演》结尾时，就曾这样号召大家："我们随时像李先生（李公朴）一样，前脚跨出大门，后脚就不准备再跨进大门！"

　　在这个结尾处，闻一多先生就是用"后脚不准备再跨进大门"的形象比喻，号召人们随时做好为革命事业牺牲的准备，既坚定了听众的信心，引发了听众的共鸣并激发行动，又让敌人产生了畏惧之心。

感谢式：表达谢意，加深印象

　　感谢式结尾是最简单也是最通用的万能式结尾，一般有下面几种表达方式。

·感谢公司给予我成长的机会，未来我会继续努力，为公司创造出更多的价值！

·谢谢大家能来听我的演讲，谢谢大家给予我的支持和信任！

·感谢我的领导给予我的支持，感谢我的同事给予我的帮助……
………

用感谢的方式来结束你的演讲，既表达了自己对听众的感激之心，赢得了听众的好感，又能让你的演讲在结束时充满了情感和力量。通过感谢，听众的感情之弦就会被拨动，从而增加对你演讲的内容的好感，并产生共鸣。

1965年，苏联作家肖洛霍夫在斯德哥尔摩诺贝尔奖的授奖仪式上发表演讲，在演讲结束时，他是这样说的："我感谢这个大厅里所有的人，感谢因诺贝尔奖向我表示欢迎和祝贺的所有的人。"

短短两句话，令在场的所有人都心生愉悦。这也提醒我们，在表达感谢时，我们的感谢之词要一定真诚而恰如其分，不能感谢过头了，让人感觉有"拍马屁"之嫌，这就得不偿失了！

感谢理应感谢的人是应该做的，但是如果你还能感谢一下竞争对手、甚至是敌人，那你的人格魅力就更大了！

幽默式：增加趣味，引人深思

戴尔·卡耐基说："最好在听众的笑声中说再见。"能够达到这一目标，说明你的演讲技巧已经达到炉火纯青的地步了！

如果你打算以幽默、风趣的方式结束自己的演讲，这需要有一定的智慧。

1936 年，林语堂应邀参加了《纽约时报》和"美国书籍出版者协会"共同举办了第一届全美书展，并在展会上发表了演讲。正当大家听得入神时，林语堂却忽然收起了话匣子，说："中国哲人的作风是，有话就说，说完就走！"

说完，他踱起方步，飘然而去。

半晌，台下爆发出热烈欢快的掌声。

林语堂在听众听得入神时，猛然结束自己的演讲，干脆利落，极具幽默，在让听众出乎意料的同时，又产生了意犹未尽之感。

在一些演讲活动结束前，我通常会问听众：

"大家认为我的分享有用吗？"大家都会异口同声大声回应我："有用！"此刻，我会笑着看着大家，略微停顿片刻后，再告诉大家："没有用！"此刻大家就会疑惑地看向我，我接着说："因为没有去用，所以没有用！有人听着感动，想着激动，回到家里一动不动，因为没行动，所以就没用。知识不是力量，知识的运用才是力量。

人生不会因为'知道'而奖励你，人生只会因为'做到'而回馈你！"

在这个结尾中，我除了用到幽默式结尾外，还用到了悬念式和互动式结尾。

除了以上几种结尾方式，你还可以采取其他的结尾方式，如排比式、点题式、表决心式、名言式、呼应式、建议式、启发式、歌舞式、图表式、诗词式、道具式、祝福式等。

总之，演讲的结尾没有固定的格式，你完全可以根据自己所演讲的内容来进行选择，但最为有效的结尾方式，应该像美国作家约翰·沃尔夫所说的那样："演讲最好在听众兴趣到高潮时果断结束，未尽时戛然而止。"这样，听众对演讲内容的印象就会特别深刻。

王老师敲黑板

以下是几个演讲结尾的常见"败笔"，请你留意：

·不可虎头蛇尾，草草收兵；

·不可画蛇添足，节外生枝；

·不可千篇一律，废话连篇；

·不可旁敲侧击，讽刺挖苦。

2.6 "三×法则"：让演讲更有逻辑

你是否有过这样的经历：突然被邀请上台分享，这种分享可能是会议发言、分享学习心得，也可能是发表获奖感受或工作总结等。有时候你觉得自己的脑子里有很多东西，但就是不知应该从何说起、在哪里结束，一开口便杂乱无章、条理不清，只好四处拼凑一些碎片化语言，结果可想而知。这样的分享恐怕没几个人喜欢听，更不要说让听众产生思想或行动上的改变了。台下听众往往会一头雾水："天哪，他到底在讲什么？"

在这里给你分享一个我在多年前提出的"三×法则"，相信它可以让你的演讲更有条理、更有魅力。当然，这里的"三"只是概数，你可以根据演讲的内容进行调整。

"三时法"：过去、现在、未来

1999 年中央电视台春节联欢晚会中有一个小品《昨天今天明天》。在小品中，主持人让"黑土"说说"昨天、今天、明天"，黑土直接说："昨天，在家准备一宿；今天，上这儿来了；明天，回去。"结果惹得全场大笑。其实主持人是想让"黑土"回忆一下过去，评说一下现在，再展望一下未来。这就是"三×法则"中的第一种——"三时法"，即按照时间轴来陈述，比如昨天、今天、明天，上午、下午、晚上，过去、现在、未来，第一年、第二年、第三年，初期、中期、尾期等，这些逻辑结构都用到了"三时法"。

当然，我们在运用"三时法"的时候不一定非要按照时间的先后顺序来进行，也可以先说对未来的展望，然后追忆过去，最后回到当下。或者先说当下，然后追忆过去，再展望未来等。运用"三时法"进行演讲，能把不同的事物或故事联系起来，并赋予一个清晰的逻辑。

美国前总统林肯就用"三时法"设计了著名的葛底斯堡演说。他说：

"八十七年前，我们的祖先在这片大陆上建立了一个国家，它受孕于自由之中，并且献身给一种理念，即所有人都生来平等。"

"当前，我们正在从事一次伟大的内战，以考验我们或任何一个受孕于自由并献身于上述理想的国家是否能够长久生存下去。"

"（未来）我们应在此献身于我们面前所留存的伟大工作，……要让那民有、民治、民享的政府不致从地球上消失。"

又比如，我辅导某开发投资集团的演讲选手撰写演讲稿的时候，也用到了三时法。

过去："当我坐上时光穿梭机，我第三想去的时间是——××××年，因为就在那一年的×月×日……，我们的大家庭诞生了！"

现在："说到这里，你一定能得出结论了，我第二想去的时间就是现在！是的，因为在当下现在的国投大家庭大团队里，我找到了自己的价值……"

未来："最后，你一定很好奇，当坐上时光穿梭机，我最想去的时间到底是什么时候？——未来！因为未来，所以未知；因为未知，所以一切都有可能！在座的各位国投家人们，我们一起携手未来！未来见！"

借助时光穿梭机，按照过去、现在、未来的结构组织讲稿，逻辑清晰、说服力强。

我经常鼓励学生们走出清华园去参加一些社会演讲。有一次，我的一位学生对我诉说了他的烦恼："老师，我也会参加一些沙龙活动，但在进行自我介绍时，与会的要么是行业知名人士，要么是企业创始人，要么是领域专家，就我一个没毕业的大学生，什么经验都没有，我没法跟他们比呀，我该怎么做自我介绍才能给别人留下深刻的印象呢？"我对他说："你应该感到庆幸，而不是躲藏！正因为你还没毕业，所以你的未来充满无限可能。在自我介绍的时候，你可以多谈你的未来！"所以，我还专门总结了一个使用"三时法"进行自我介绍的顺口溜："问好言谢表赞美，解释名字说到位，过去现在和将来，自我介绍最得体。"

同样，在一些企业招商加盟活动中，我也经常鼓励企业家学员们要展望未来，多给加盟商描绘公司的未来前景。正因为前景无限美好，才能吸引更多的人来加盟。你现在的发展也很棒，但未来比现在更棒，这样才能给更多的人带来希望，让人憧憬，你的招商也更容易成功。

"三数法"：第一、第二、第三

作为一名演讲实践者、教学者，我要求自己也经常听一些演讲。但很多情况下，我还没有离开现场，就回忆不起来演讲者刚刚讲了什么了。之所以有这么糟糕的结果，除了演讲的逻辑不够清晰外，还有一个可能就是演讲的重点太多，以至于没有了重点。

你可以想象一下，有人在开始演讲时，对大家说"我今天要跟大家讲15条重点"时，你是什么感受？"15条，我能记得住吗？"对，这就是大多数听众的想法，而事实上大多数听众最后也的确没记住。这就是为什么我经常强调"少即多"的原因。

或许你会说："逻辑太复杂了，一提起逻辑我的头就大，我不懂什么逻辑！"没关系，我们在这里分享一个一键智能式逻辑工具——"三数法"，即通过"第一、第二、第三"或者"首先、其次、最后"串联你的内容。你的演讲最好就包含三个重点，因为"三个重点"既好记，又有说服力。

1948年，英国牛津大学举办了一次名为"成功奥秘"的讲座，邀请首相丘吉尔来演讲。在演讲前3个月，媒体们就开始了热烈的炒作，人们都在翘首以盼讲座的到来。

演讲的那一天，会场上人山人海，各大新闻媒体也都到齐了，大家都在静候这位政治家、外交家分享他的"成功奥秘"。只见丘吉尔走上讲台，两眼注视着观众，用手势止住大家雷动的掌声，说："我的成功秘诀有3个：第一是，绝不放弃；第二是，绝不、绝不放弃；第三是，绝不、绝不、绝不放弃！我的演讲结束了！"说完，他就走下了讲台。

会场上沉寂了一分钟后，突然爆发出热烈的掌声，经久不息。

在这段演讲中，丘吉尔用"第一、第二、第三"缔造了世界上最简短的伟大演讲，这样的表达非常有逻辑感。

接下来，跟你分享一下"三数法"的高阶玩法，即通过相同或不同的数字组合来表达你想要表达的内容，而这些数字组合正好是大家耳熟能详的。我经常用"三数法"分享我的梦想：

我的梦想是一个人，用一生的时间，打造10套独创的思想、课程或著作，去往100个国家，到达1 000座城市，辅导10 000名学员通过演讲改变命运，影响全球1亿人。

亲爱的努力提升口才的你，我们一起来看看，这段表达里面用到了"个、十、百、千、万、亿"，清晰明朗，也方便记忆。

还记得有一次我采访一位99岁高龄的奶奶，我问她每天都那么开心的秘籍是什么，她说：

坚持"三八快乐法"：第一个"八"，每天上午锻炼八分钟；

第二个"八"，每天下午与他人交流八分钟；第三个"八"，每天晚上大声朗诵八分钟。

通过"八"这个数字的不断重复，再加上"三八"又和妇女节联系在了一起，我们是不是一下子就记住奶奶的秘籍了呢？

我辅导一位公司董事长撰写年会发言稿时，就是按照"三数法"进行的，我们以数字"520"串联讲话内容，正好符合年会氛围和企业倡导的文化："5"即"公司五大奖励"，"2"即"公司的两个基本原则"，"0"即"公司安全生产零事故的底线"。

你看，这样的分享，是不是让员工想忘记也难，而且这几个数字的搭配正好还有其谐音"我爱你"的特别意义。

最后，晨琛老师独家为你揭秘，这些年来，我总结的一套快速打造"三数法"高阶用法的构思方向：

·序列：如 123 456 999 个十百千万亿等
·节日：51 38 54 等
·电话：110 120 114 等
·谐音：520 1314 等
·品牌或品类：711 360 502 等

"三词法"：3个关键词，为演讲加分

演讲时大脑一片空白，怎么办？别急，先想3个关键词，然后在这3个关键词的基础上进行拓展，这种方法叫作"三词法"。

一个成功的演讲，无论你是讲3分钟还是讲30分钟，都一定要有关键词，因为关键词可以起到强化主题的作用。

经常有一些明星或企业家私下找到我，希望我辅导他们以提高表达能力，当他们问我在国际上获奖或在国际会议中得到赞誉时该怎么发言时，我给他们的建议通常是不要少了感谢。有些人会想到感谢团队、亲友等，这些都是眼前的、当下的、小范围的。我常常跟他们分享不要忘记3个"感谢"。

第一，感谢你的祖国。这说明你是一个爱国的人，时刻都不会忘本，当你告诉世界你为身为中国人而骄傲的时候，世界也会感受到中国力量。

第二，感谢你的前辈。正是因为一代又一代同领域的前辈们艰苦卓绝的努力，用一步一步踏出来的脚印一点一点地夯实了领域的基础，后人才叩开了通往国际的大门。这里体现的是你的时空概念和格局思维。

第三，感谢东方智慧。自己所取得的一点成绩，最终要溯源到我们的祖国，溯源到我们的传统文化中去。西方文化需要东方智慧的滋养，东西方文化的交融才能更好地为这个世界服务。这一点体现的是你的文化自信以及利他思想。

这样的"感谢"超越了当下的时空点，让听众通过你的"感谢"

感受到了你的格局、使命和担当，感受到了你十足的人格魅力。

要注意的是，"三词法"中的"三"是一个概数，有的朋友可能会觉得自己要讲的内容太多，用3个词讲不完，这时你也可以用4个或更多个关键词。将这些关键词中的某一个字或几个字和某些数字重新搭配，或直接从这些关键词中的选择某一个字或几个字重新连接起来，正好形成一个大家耳熟能详的新词语，这就是"三词法"的高阶用法。下面我分享一个案例，相信你会更加清楚。

在清华大学大一新生的课堂上，作为结课演讲的点评老师，有一次我是这样做的：

让我们左手右手一个慢动作,右手左手慢动作重合,掌声响起来,献给在座的自己！考上清华成绩好，选上这课眼光好，走上讲台演讲好的"三好学生"们，大家好！恭喜大家从这门课结课了，此时此刻我同样也有一位"三好学生"介绍给大家，作为结课的礼物。

这"三好"是哪三"好"呢？

第一"好"：校领导规划好。没想到演讲课会成为新生导引课的重要组成部分，没想到演讲会成为导引课结课的一种形式，没想到校领导对演讲如此重视。

第二"好"：学生立意好。很多同学在结课演讲中提到了"奉献、利他"的精神，追溯我们清华的历史。清华大学之所以几经挫折而不衰，几经磨难而不败，不正是因为有梅贻琦、梁思成等无私奉献的前辈指引吗？不正是因为新一代的在座的各位热血青年有不怕问题、敢想敢干的精神吗？

第三"好"：演讲落地好。很多同学在演讲中提到了日常生活，我觉得非常接地气，很好！

既然是做演讲点评，我就一定要给大家提一些建议。那么，"三好学生"中的"学"到底指什么呢？学的就是我多年前提出的"演讲五美"，即心美、形美、音美、意美和境美。具体来说，心美就是要懂得学习演讲的目的、真谛，找到舒缓紧张的方法等；形美就是要了解适合演讲的表情、发饰、着装、上下台的动作、演讲时的手势、如何板书、如何握麦等；音美就是需要我们掌握正确的呼吸方法、共鸣发声方法、准确的发音技巧、声音多变化的技巧以及护嗓秘籍等；意美则是需要我们的演讲具备一鸣惊人的开场白、意犹未尽的结尾、有逻辑的结构、讲故事的精髓，以及掌握在竞选、开幕、生日、搬家、升职、晚宴、发布会、招商加盟等不同场景下的演讲秘籍等；境美主要是要掌握演讲时如何让听众鼓掌、如何让听众举手、如何让听众回答问题、如何让听众参与等互动技巧，以及出现各种主观错误、客观意外，尤其是有听众"砸场"时，你该怎么控场等。"学"演讲就应该从这5点做起。

"三好学生"中的最后一个字为"生"，指的是生发，即要有自己的原创。"取法乎上，仅得其中；取法乎中，仅得其下"，作为清华大学的学子，大家一定要对自己高标准、严要求，同意吗？所以，我们不仅要做到开口能说、自圆其说、著书立说，最后还要成为别人口中的"传说"！

这就是我介绍给大家的"三好学生"。此时此刻，这位"三好学生"已经款款向大家走来，在座的各位"三好学生"们，大家准备好牵起她的手了吗？期待我介绍给大家的这位"三好学生"能够跟在座的各位"三好学生"一起携手从大一走向大二，从大二走向大三，从大三走向大四，从毕业走向人生的每一天！祝福大家因为彼此的携手，前程更加锦绣！

该点评通过"三好学生"这个大家从小都再熟悉不过的词语搭建整个演讲点评的框架，具体阐述了"三好""学"以及"生"3个关键字词。我相信哪怕再过1个月、1年、3年，或许点评内容中的有些细节会被忘记，但是对于"三好学生"，大家肯定是忘不了了。

再比如，有位广东的企业家学员有一段时间每周从广东飞到北京来跟我学演讲，有一次他请我辅导他撰写的招商会的演讲稿。我看了看他的初稿，里面内容非常多，包括产品介绍、产品核心竞争力、产品报价、优惠政策、目前合作伙伴的收益、项目的初心使命、团队介绍等，我一看头就晕了，对讲稿的直接感受就是什么都想说、什么也没说清楚，逻辑混乱，思路不清。

于是我建议他用一个大家熟悉的、时尚的，并能够代表企业文化的四字词语贯穿全文，以此形成招商会的演讲框架，并将这个词语作为招商会的核心主题词。

经过梳理，后来我们选用了"激情四射"这个词语。"激"谐音"机"，这个模块主要围绕"机器"这个关键词来展开，比如可以讲解公司的这款机器能解决哪些难题、突破了哪些难关、对大家有哪些好处等；"情"即"情怀"，这个模块主要分享研发这款机器背后的情怀、使命等；"四"即与我们合作成为加盟商后，所拥有竞争对手无法超越的四大核心竞争力；"射"即"辐射"，这个模块主要分享该机器目前已经辐射到了哪些地区和人群，给消费者以及加盟商们带来了怎样的物质上的、精神上的好处和变化等。这样一来，整篇演讲稿的逻辑就清晰多了，而且把整个招商会打造成了一个活生生的"人"，有性格、有情怀，演讲就这样赋能了！

后来，这位企业家非常兴奋地告诉我，招商会成交量远远超过预期，之后他又介绍我给一些企业培训演讲，他说演讲真是无价之宝啊！越早学收益越大！让我们一起为这位爱学习、爱分享的企业家点赞！

再比如我给电视台分享的系列节目《我该拿什么拯救你，我的恐慌——找到自己的"芙蓉洞"》里，我的演讲稿就用到了"三词法"。"芙蓉洞"谐音"付、容、动"，即"付出""容纳""动作"，通过这3个秘籍来"拯救"恐慌。

又如，我在为期10天的线上"王道·即兴表达密训营"结营仪式中总结说：

"此刻，我喜出望外。'喜'——恭喜！恭喜王牌们（我粉丝的名称）顺利地从即兴表达密训营结业了；'出'——出色，无论是……还是……，表现都十分出色；'望'——希望，希望大家将演讲看作呼吸一样重要，把它当成生命的一部分，跟演讲同命运共成长，直到生命最后一刻；'外'——外延……人生有一大悲哀，即成功之后不分享。分享是最大的爱。你在这里收获了成长、蜕变、成功，我们就可以一起扩大'即兴表达密训营'的外延，让更多人加入这个大家庭，像班主任琳达老师一样，不是自己独自学习，而是带领一群人共同学习，一起成长的同时获得精神和物质收益。独乐乐不如众乐乐，同意的掌声响起来！"

再如，在演讲课中，我常常对大家说学演讲要"三心二意"：通过设置悬念激发听众好奇心的同时，用熟悉的词语搭建演讲框架，让听众过耳不忘。如果是你，你会如何讲呢？

我们可以试着先讲学演讲必须具备的3颗心：信心、恒心、细心。那么"二意"，你能想到什么呢？我常常会跟大家分享学演讲的第一个"意"，即"意图"，演讲要有明确的目的；第二个"意"，即"意境"，要提升意境、扩大格局，让演讲具备社会价值，要为更多人能过上更好的生活而讲。

"三心二意"的结构也可以用到工作服务中来，比如"三心"可以是"爱心、细心、耐心"，"二意"，可以解读为"让客户满意、服务要有创意"。当然，晨琛老师也非常想听到你在不同演讲场景下对"三心二意"的新解读。

除了以上几个法则外，"三×法则"还包括以下几种，相信在关键时刻也能帮到你，如表2-1所示。

表 2-1　三 × 法则用法及举例

三 × 法则	用法及举例
三人法	即按照 3 个不同的人群来讲述，如"领导、老师、同学""下级、平级、上级""供货商、经销商、客户"等。 例如："今天站在这里，我首先要感谢 3 个人，第一我要感谢的是……；第二要感谢的是……；第三要感谢的是……"
三空法	即按照 3 个空间的顺序来讲述，如"左、中、右""上、中、下""前、中、后""北部、中部、南部""欧美市场、非洲市场、亚洲市场"等。 例如："今天给大家介绍的这款'神器'，从正面看……，侧面……，背面……"
三喻法	即引入跟主体相配套的 3 个比喻。 例如："我们团队的思想意识，好比飞机的机身……；我们的产品好比飞机的左机翼……；我们的服务好比飞机的右机翼……"
三觉法	即从"看到、听到、尝到、闻到、触到、想到"中选择 3 个进行分享。这种方法常常用在场景描述、产品介绍中
三问法	即提出 3 个问题，如"我是谁、从哪儿来、到哪儿去""是什么、为什么、怎么办""结果如何、原因如何、建议如何"等

王老师敲黑板

在运用"三 × 法则"时要注意以下内容：

·这些法则可以根据情况组合使用。

·在提炼关键词前，最好先想清楚自己的演讲到底要传递给听众什么样的信息，引发听众进行怎样的思考，然后再提炼关键词，且关键词越明确、具体越好。当然关键词也要有一定的新意，不要过于平淡或陈旧，否则引不起听众的兴趣，演讲效果就会不好。

·运用"三数法"和"三词法"的高阶用法时，可以先试着找熟悉的数字、熟悉的词语，然后再根据数字和词语来设计演讲框架和内容，这样比较快，但一定要避免生搬硬套。

·晨琛老师总结的常用"三词法"高阶用法词汇取材方向：

1.成语

2.人名、地名、品牌名

3.状态描述词

2.7　故事才能真正让人难忘

经常有学员问我："老师，我突然被安排要做一个即兴演讲，可我一时不知该讲什么，怎么办？"

我告诉他："讲故事。"

"老师，我感觉我上台演讲的内容都很俗套，没有新意，怎么才能让演讲更生动，与众不同一点呢？"

我告诉他："讲故事。"

"老师，我在向客户介绍我们的产品时，讲数据、讲理念好像都调动不起客户的兴趣，有什么好办法能让客户接受我们呢？"

我还是告诉他："讲故事。"

演讲为什么要讲故事

为什么我一直强调要在演讲中讲故事呢？

请你回想一下，在以往你听过的所有演讲中，你印象深刻的是其中的道理还是故事？我相信绝大多数人的回答都会是"故事"。是的，演讲的核心就是讲故事：小故事、大哲理，小故事、大人生，小故事、大境界，小故事、大格局。演讲就要讲故事，因为世界上最能打动人心的，往往就是最真、最正、最善的故事。

绝大多数成功人士都是讲故事的高手。说起海尔，你可能不知道它创收有多少，但你一定知道张瑞敏"砸冰箱"的故事；说起腾讯，你可能不清楚它有多少个系列的产品，一年销售额是多少，但你一定知道马化腾和他的"四大金刚"的故事；说起新东方，你可能不知道它在全国有多少个分支机构，但你一定听过新东方创立初期俞敏洪到处做宣传的故事。

我们之所以对这些故事耳熟能详，大多是因为这些故事是这些人在一些演讲中讲述的。讲述自己的品牌故事，可以拉近演讲者与听众的距离，将听众带入演讲者的故事场景中，从而让听众与演讲者同呼吸、共命运，听众也更容易对演讲者产生认同感，接纳并信任演讲者。这样，你的演讲就成功了。

王老师敲黑板

奥美集团调查发现：在演讲后的一个小时内，人们会忘掉一半的内容。经过一天，人们将忘掉80%的内容；一周后，95%的内容将被遗忘；而人们唯一记得的就是演讲者所讲的故事、举的例子以及演讲者的亲身经历。

既然讲故事在演讲中如此重要，那么到底什么才是故事？我们又怎样才能讲好故事呢？

什么是故事？故事不是"12345"，而是"12390"

有些人在演讲中也会讲故事，但他讲的故事就按照 1、2、3、4、5 的顺序讲：说完 1 说 2，说完 2 说 3，大家很容易就猜到下面要说 4 和 5 了。比如：王子和公主见面了，然后恋爱、结婚、生子、变老、死亡……这完全就是流水账！这样的故事能吸引人吗？显然不能。

好的故事不是"12345"，而应是"12390"。演讲的时候，演讲者要会设置悬念，学会从"1、2、3"突然跳跃到"9、0"。"哇，怎么会这样？"听众肯定会感到迷惑不解，这样，悬念就有了。这种悬念才能激发听众产生继续听下去的兴趣！

在一次清华大学的校公选课上，我分享了一位朋友的故事。

亲爱的同学们，请大家闭上眼睛想象一下，当你什么也看不见却要独自走到洗手间时，你会怎么做呢？好，请慢慢地睁开双眼。有这样一位双眼完全失明的人，在只会说"hello、bye"等英文的情况下，一个人仅靠一根盲杖、一副墨镜便走遍了六大洲 38 个国家。他曾经对我说："虽然我看不见世界，但我要让世界看见我！"大家知道我跟他在一起走路时，他最常对我说的一句话是什么吗？是"快一点，跟我来！"你能想象这是一位盲人朋友对一位双目视力在 5.2（标准视力对照表）以上的人所说的话吗？到底是什么在支撑着这位盲人朋友，大家想走进他的世界吗？欢迎今天的特别嘉宾！

还有一次我受邀去演讲，主持人就很会讲故事。

你想知道晨琛老师为什么能在一个人都不认识的情况下，一块钱就能"玩转"一个古镇吗？你想知道为什么有很多知名人士都要跟她学习吗？你想知道为什么晨琛老师在20多岁的时候就有那么多50岁、60岁甚至年龄更大的企业家愿意向她学习吗？你想知道10多年前她是如何做到拒绝各种媒体的包装而保持纯净本心的吗？你想知道她为何坚持要去贫困地区、灾区做义务分享吗？你想走近她、了解她吗？好，让我们用潮水般的掌声有请晨琛老师！

说实话，我曾在线上线下不同的活动中被各种各样的主持人以各种不同的方式介绍过，但这一次是给我印象最深的一次。我的经历算不上跌宕起伏，但主持人以具体故事、事例的形式进行介绍，并设置了种种悬念、对比，结果便使人期待满满。我看到了作为一名主持人的用心，因为她挖掘了我很多鲜为人知的故事。

在演讲中，当你所讲述的是你亲身经历的故事，那就更能为你的演讲加分了。因为讲自己的故事时，你不但能讲得流畅自如，还能流露出你内心的真情实感，听众听后对故事的印象也会更加深刻。

参加过 TED 演讲的探险家本·桑德斯就是一位讲故事的高手，他十分强调故事的真实性。在 TED 演讲中，他讲述了自己在南极徒步旅行的经历，期间，他还展示了自己在旅行中所拍摄的各种美丽的照片，使演讲完全变成了旅行情景再现。在结尾时，大家原本以为他会讲一些告诫之类的话语，没想到他却跟听众分享了他在旅行过程中所经历的暗淡时刻，并且告诉大家，多年一直梦想到达的目的地，并没有旅行本身更加令人向往。他说：

"回首往事，我依然肯定我数年来所说的有关目标、决心及自信的重要性，但我也承认，我并未充分考虑完成所有预定目标时会发生的事……我站在这儿也想告诉你们，你们应当知道的是，路途远比目的地重要。我越靠近我的终点线，就越发意识到这次很长、很难的徒步带旅行给我的最大教训就是：对我们人类来说，幸福不是终点，我们许多人所梦想的完美也许都遥不可及。"他在演讲中还告诉大家，只有随时随地感受到知足，才更容易感觉到幸福。

怎样讲故事才最吸引听众

美国女作家拉克瑟说："构成宇宙的是故事，而不是原子。"故事是最好的传递思想的方式。但是，要在演讲中讲好故事并不容易，好的故事一定要满足以下 5 个条件。

（1）"六核"

六核即讲故事的六大核心要素，包括时间、地点、人物、起因、经过、结果，这也是构成一个故事的基本骨架。一个故事只有具备"六核"，才算完整，才能言之有物。

（2）"六觉"

"六觉"即在故事中描述你的 6 种感觉，分别为我看到的、我听到的、我闻到的、我尝到的、我触到的、我想到的。当你的故事有了这"六觉"后，听众的代入感才会更强烈。

比如，我给一个朋友写的"吃后感"是这样的：

一打开箱子就有一阵阵甜蜜的味道弥漫在空气中，一个个桃子又大又红，硬中有软，就像一个个小孩子的脸庞，忍不住想要亲几口！你要真亲，又感觉表皮毛乎乎的，还带着一点温度呢！咔嚓一咬，又鲜又嫩，桃汁瞬间顺着嘴角流了出来，酸酸甜甜引诱着我一口还没咽下，就急着咬上了第二口。这种吃桃的感觉，让我仿佛回到了童年。在肆无忌惮的一口口咬食中，让我养身美容又解压！

朋友说，这篇"吃后感"发布后，桃子的销量增加了不少呢。

再比如我讲述的一个"车祸现场"：

"吱——"的一声巨响，仿佛我耳朵里有颗炸弹爆炸了，心脏也不由自主地上了几次弹跳床。花了几秒反应过来之后，顺着出声的方向，只见一辆雪白色小轿车栽进了火红色大卡车的怀里。小轿车的前半部分完全变形到看不出原来的样子。火红的大卡车犹如炙热的大火灼伤了周围的一切。我的心一紧，车里的人还好吗？我用颤抖的手在手机上按下了 3 个数字"120"。呼喊声、叫嚷声、哭泣声顿时混杂一片，我听不清楚，只依稀闻到空气里弥漫着腥味。这味道混杂在夏天 38 摄氏度的高温中，使空气越发黏稠，让我顿时觉得整个身子湿乎乎的，好像被黏在空气里了。我赶紧跑向事故现场看看能做些什么，汗水像许多条小溪一样在我脸上肆意流淌着，有的直接进入了我的嘴角，好咸好苦，就像我此刻的心情。我一边跑一边暗自祈祷：愿上天保佑！

"六觉"就是要让听众身临其境！

（3）对话

下面两种讲故事的风格，你更喜欢哪一种？

我左穿右穿，穿进了一个死胡同不知道该往什么方向去的时候，正好见一大爷在自家门口晒太阳，我问："大爷，请问王晨琛家在哪里啊？"

大爷应声说道："谁家？"

我估摸着大爷年纪大耳朵不好使，便特意强化重音并拖长调子补充道："王——晨——琛家啊。"

大爷："王什么？"

我："王晨——琛。"

大爷："王晨什么来着？"

我："琛。"

大爷："姓啥？"

我："姓王啊。"

大爷："叫什么？"

我着急了，便应声道："大爷，您先晒会太阳吧。"

大爷："王太阳啊？……"

如果没有人物对话，就变成了：

我左穿右穿，穿进了一个死胡同不知道该往什么方向去的时候，正好见一大爷在自家门口晒太阳，我跟大爷打听王晨琛家在哪里，结果大爷年纪大耳朵不好使听不清楚我在说什么。

你看看，只有对话才能让听众有身临其境的感觉，直接引用和间接转述的效果是完全不同的。

很明显，第一种讲述方式即对话的方式更有带入感、现场感。所以，要想讲好故事，适当的对话是加分项。

（4）细节

一个讲故事的高手，是非常善于描述细节的。尤其当你创造了某一情境时，听众很需要听到更多的细节。比如我们非常熟悉的《水浒传》中"武松打虎"的故事，作者施耐庵就把这个故事讲得活灵活现。这个故事中既有对周围环境的细节描写，又有武松打虎前后的心理活动细节等。当我们读到这个故事时，眼前仿佛真的出现了武松打虎的精彩画面。

在和大家分享《绿色旅游世界行》的故事时，我写了一个《和动物们同眠于历史博物馆？》的故事，内容如下。

因为活动涉及交通费、资料打印费、宣传费、道具费等诸多费用，没工作收入那会儿，有时为了省钱我会去住10元钱一晚的旅店。很多次，我遇到的邻居都是满身肌肉、眼神奇怪、带有文身的"神秘男子"。我一看到这架势，进房间的第一个动作就是把门反锁，门背后再放上房间里所有能搬动的桌子、凳子。房间里的电视机是

20世纪80年代的黑白配，唯一能看的节目就是"下雪花"；电风扇像老爷爷走路一般"嘎吱嘎吱"地摇，好像随时扇叶都会掉下来；掀起被褥，虫儿们开始欢跳；夜里还有老鼠在睡梦中光顾我的脸蛋。天呀，我是快走两步追上"倒霉"，慢走两步被"倒霉"追，不紧不慢一看，哎呀，"倒霉"就在身边。第一天入住我晕头转向，第二天入住我确定方向，原来，我是来到了"历史博物馆"和"动物园"！

这个我亲身经历的故事中用到了人物描写、动作描写、心理描写等细节描写，真正让人记住的就是这些细节。所以，讲故事时一定要善于抓细节，要用细节来调动听众的情绪，让听众能够紧跟你的故事的发展，这样你的故事才能深入人心。

（5）修饰

讲故事时，我们需要对故事进行一些修饰，如比喻、拟人、类比、夸张等，要把故事讲得如同听众正在观看一部3D电影。

具体如何做，之后的章节会为你详细分析。

故事结束后要引出演讲主旨

讲故事不是为了讲而讲，故事背后一定蕴含着你想要对听众诉说的道理，所以不要忘了在结尾总结一下你讲故事的意义，及时引出演讲的主旨。

乔布斯在斯坦福大学的毕业典礼上演讲时，讲了3个小故事。

第一个故事是他自己的成长经历，在讲完这段故事后，他说：

"你不可能充满预见地将生命中的点滴串联起来。只有当你回头看的时候，你才会发现这些点滴之间的联系。所以，你要坚信，你现在所经历的将与你未来的生命中的点滴串联起来。你不得不相信某些东西，你的直觉、命运、生活、机遇……正是这种信仰让我不会失去希望，它让我的人生变得与众不同。"

乔布斯通过讲述自己的人生经历，最后引出自己的人生感悟，同时也是他的演讲主旨，即让台下即将毕业的大学生们明白：所有的人生经历都是有意义的，都会与未来有所联系。但如果乔布斯一开始就直接说这段话，显然很难有说服力，恐怕也难以与听众形成共鸣。当乔布斯在讲完自己的人生"故事"后，再与听众分享这句话，听众就更容易信服，也更容易接受这种观点。

在这里还要提醒热爱演讲的你一句：讲完故事后，你要快速地表达你的演讲观点，不要云里雾里、含糊其词，那样容易让听众一头雾水，不知道你到底要表达什么。另外，你所讲的故事立意要清晰，要能够准确地传递出你演讲的意义；总结观点时也要简短有力，不要一味地表达思想，否则会让听众感到厌烦，导致印象不深刻。

总之，演讲中是不能缺少故事的。如果只能选择一种演讲方式，那一定是讲故事。故事是演讲的翅膀，想飞得更高，就必须让它来助力！

王老师敲黑板

晨琛老师总结的讲故事的法则。

· 开场要引人。

· 故事要入境。

· 声音要模拟。

· 态势要抓魂。

· 破局要冲突。

· 评价要独到。

· 立意要崇高。

2.8 修辞让你的表达更精彩

演讲中也会用到修辞吗?

当然!

演讲中,如果你能恰当地运用修辞,不但能提升你演讲的整体质量,提高演讲的说服力,还能让听众更容易接受你在演讲中所传达的意见和观点。

比喻: 一说就懂的默契!

赵文王统治赵国时,养了三千剑士,日日比斗,不理朝政,以致国家衰败,各诸侯国都盯上了赵国,想要攻下它。庄子当时是如何说服赵文王放弃对剑术的喜好的呢?

庄子换上剑士之服,对赵文王说:"我的剑术,十步之内可杀一人,行走千里也不会受人阻留。"赵文王于是用 7 天时间让剑士们比武较量,死伤 60 多人,最终从中挑选出五六人,让他们拿着剑在殿堂下等候,这才再次召见庄子。赵文王问:"先生所习惯使用的宝剑,长短怎么样?"庄子说:"我的剑术长短都适应。不过我有三种剑,任凭大王选用,请让我先做些说明然后再行比试。"赵文王说:"愿意听听你介绍这三种剑。"庄子说："有天子之剑，有诸侯之剑，有百姓之剑。"赵文王说："天子之剑怎么样？"庄子说："天子之剑，拿燕溪的石城山做剑尖，拿齐国的泰山做剑刃，拿晋国和卫国做剑脊，拿周王畿和宋国做剑环，拿韩国和魏国做剑柄；用中原以外的四境来包扎，用四季来围裹，用渤海来缠绕，用恒山来做系带；靠五行来统驭，靠刑律和德教来论断；遵循阴阳的变化而进退，遵循春秋的时令而持延，遵循秋冬的到来而运行。这种剑，向前直刺一无阻挡，高高举起无物在上，按剑向下所向披靡，挥动起来旁若无物，向上割裂浮云，向下斩断地纪。这种剑一旦使用，可以匡正诸侯，使天下人全都归服。这就是天子之剑。"赵文王听了茫然若有所思，又问："诸侯之剑怎么样？"庄子说："诸侯之剑，拿智勇之士做剑尖，拿清廉之士做剑刃，拿贤良之士做剑脊，拿忠诚圣明之士做剑环，拿豪杰之士做剑柄。这种剑，向前直刺也一无阻挡，高高举起也无物在上，按剑向下也所向披靡，挥动起来也旁若无物；对上效法于天而顺应日月星辰，对下取法于地而顺应四时序列，居中则顺和民意而安定四方。这种剑一旦使用，就好像雷霆震撼四境之内，没有不归服而不听从国君号令的。这就是诸侯之剑。"赵文王接着问："百姓之剑又怎么样呢？"庄子说："百姓之剑，全都头发蓬乱、鬓毛突出、帽子低垂，帽缨粗实，衣服紧身，瞪大眼睛而且气喘语塞。相互在人前争斗刺杀，上能斩断脖颈，下能剖裂肝肺，这就是百姓之剑，使用它跟斗鸡没有什么不同，一旦命尽气绝，对于国事就什么用处也没有。如今大王拥有夺取天下的地位却喜好百姓之剑，我私认为大王应当鄙薄这种做法。"后来，赵文王三个月不出宫门，剑士们都自刎而死。

你看，庄子从赵文王最喜欢的剑术入手，并把自己打扮成剑士赢得了与赵文王见面的机会。通过天子之剑、诸侯之剑、百姓之剑来比喻治理国事的不同态度，庄子告诉了赵文王不同的治国态度、风格所带来的不同结果。这样形象的比喻一下子就让赵文王信服了。

有一年国庆节后第一次上课，我受邀到一所学校进行国旗下的讲话，给那里的几千名师生分享我的故事。

当天我演讲的主题是《你就是奇迹》。我把演讲内容划分为 3 个要点：第一，信念，相信自己，这决定了你能超越多少人；第二，演讲，这决定了你能影响多少人；第三，公益，这决定了你能帮助多少人。

但是，如果我单纯按照"第一、第二、第三"的方式来讲，就有点像领导训话，很难吸引这些坐不住的学生们。于是，我重新思考后使用了一个比喻。我对大家说：

"我就像一只在空中飞翔的小凤凰，我的左翅膀叫作'演讲'，这决定了我能影响多少人……；我的右翅膀叫作'公益'，这决定了我能帮助多少人……；这两只翅膀决定了我这只小凤凰飞翔的高度，但比飞翔高度更重要的是方向，大家同意吗？方向由什么决定呢？小凤凰的脑袋，而脑袋就叫作'信念'，这决定了我能超越多少人……"

相信这样调整后，小凤凰的形象已经深入师生的心中了。我表达的 3 个要点中，"信念"是最重要的 A1，"演讲"和"公益"属于平级关系，它们是次重要的 B1 和 B2。请你思考一下，在这样的表达逻辑中，除了用凤凰作为喻体外，还有哪些可以作为喻体呢？

很显然，一个头、两个翅膀的形象都可以被用作喻体，比如企鹅、小鸟、飞机等。

经常有学生问我，应该到哪里去找喻体？我回答："所见即所得。"你所看到的人物、动物、食物以及景物等都可以被用作喻体，因为万事万物从某种意义上来说是相通的，是可以互相解释的。

演讲中的比喻不仅能让演讲更有画面感，更好地吸引听众的注意力，帮助听众更好地理解内容，还能够起到很好的说服效果。

排比：让你的演讲气势如排山倒海！

排比可营造出一种雷霆万钧的气势，同时又朗朗上口，富有乐感。在演讲中运用得当，完全可以为你的演讲增加气势、增强节奏，感染台下的听众。

演讲的时候，我常常这样开场。

不是每一棵大树都能抵御严寒，但是松柏做到了；

不是每一朵鲜花都能傲雪风霜，但是梅花做到了；

不是每一颗星星都能完成心愿，但是流星做到了；

不是每一颗石头都能永垂不朽，但是钻石做到了；

不是每一只鸟儿都能翱翔天空，但是雄鹰做到了；

不是每一匹马儿都能驰骋千里，但是千里马做到了！

这几个排比句都使用了"不是每……都……但是……做到了"

句型，一气呵成，体现了一种含蓄的赞美，特别适合用作演讲开场白，可以给人耳目一新的感觉。当然，最后几句一定要结合当下的场景。

比如给企业讲课的场景中，说完前面几个句子后，我会根据现场场景补充："不是所有的企业都重视员工素养的提升，但是××公司做到了""不是所有的领导都高瞻远瞩、运筹帷幄，但是×总做到了""不是所有的辅导老师都认真负责、全力以赴，但是×老师做到了""不是所有的学员都愿意超越自我、挑战自我，但是在座的你们做到了"。

王老师敲黑板

·排比虽好，但不要为了排比而排比。有些句子明明构不成排比句，却被演讲者生硬地拼凑在一起，影响了表达效果。

·留意各个排比分句之间的逻辑关系，否则就无法达到效果，影响演讲的气势。

·排比一般会按照由小到大、由少到多的逻辑顺序排列。

·读排比句的时候，常常有两种方式：我给第一种起名为"上楼梯式"，即声音一句比一句大、一句比一句高昂；第二种我称之为"玩股票式"，股票风险大，有时候起有时候落，但人们都希望最后涨起来。这也预示着读排比句时声音忽高忽低，但读最后一句时声音一定要大且情绪高昂。

设问和反问：引发听众积极思考与参与

设问就是演讲者自问自答，目的是引起听众的关注和思考。用好设问，不但能调节演讲的气氛，激发听众的兴趣和热情，还能让演讲者牢牢地掌握演讲的主动权。

我们来看看丘吉尔在著名的《出任首相后的首次演说》中的结尾部分是怎么说的：

"你们问：我们的政策是什么？我说，我们的政策就是用我们的全部能力，用上帝所能给予我们的全部力量，在海上、陆地和空中进行战争，同在人类黑暗悲惨的罪恶史上所从未有过的穷凶极恶的暴政进行战斗，这就是我们的政策。"

"你们问：我们的目标是什么？我们可以用两个字来回答：胜利——不惜一切代价，去赢得胜利；无论多么可怕，也要赢得胜利；无论道路多么遥远和艰难，也要赢得胜利……"

前部分丘吉尔主要讲述了新政府的态度、政策等。到最后结尾处，丘吉尔运用了一个设问，总结了自己的主张，又酣畅淋漓地表达了自己的情感，从而让演讲达到了高潮。

所以说，设问用得好，演讲效果强！

那么，设问怎样才算是用得好呢？晨琛老师认为你应该注意以下4个方面。

·设问要有力度，要一问惊人，这样才能让听众"惊心动耳"，在震撼之中认真思考。

·设问要有广度，要一问三知，要能够"一石激起千层浪"，让听众可以从更广阔的层面去思考问题、寻求答案。

·设问要有深度，要问里有话。虽然是就事物现象提出设问，但提出设问的目的是启发听众去追根溯源，找出问题产生的原因，从而引出正确的答案。

·设问要有新度，要问所未问。设问不要老生常谈，而应不同凡响，要从新的角度提出新的见解，让听众在思考中对问题有新的认识。

反问也是演讲中常用的一种修辞手法。与设问不同，反问是只问不答，是用疑问句的形式来表达确定的内容。这种句式的感情色彩比较浓重，具有很强的感染力和说服力，因而同样有助于构筑演讲高潮。特别是在一些说理性、鼓动性和论辩性很强的演讲中，反问的作用尤为突出。

闻一多先生在著名的《最后一次讲演》中，就有多处用到反问：

"特务们，你们想想，你们还有几天？你们完了，快完了！你们以为打伤几个，杀死几个就可以了事，就可以把人民吓倒了吗？"
…………

"历史上没有一个反人民的势力不被人民毁灭的！希特勒，墨索里尼，不都在人民之前倒下去了吗？"

连续的反问在增强说服力的同时，也与听众形成了良好的互动。

比拟：将复杂的事物形象化

比拟就是把一个事物比作另外一个事物来进行描述、说明。比拟可以将人比作物、将物比作人。比拟会给事物增添特有的味道，或把事物讲得神形毕现、栩栩如生，或展现爱憎分明的态度。

比如，马丁·路德·金在《我有一个梦想》中，就将美国当作人来描述，十分形象生动。他说：

"就有色公民而论，美国显然没有实践她的诺言。美国没有履行这项神圣的义务，只是给黑人开了一张空头支票……"

在一次诺贝尔物理学奖授奖仪式上，纳吉尔发表了《力的统一的新里程碑》的演讲。为了让听众更好地理解电子和中微子的关系，他把电子和中微子当作人来描述。

"电子和中微子是属于同一个家庭的粒子，中微子是电子的同胞小弟弟。"

演讲者风趣幽默地把两个十分复杂难懂的物理关系用形象的方式告诉听众，让听众一听就能明白二者的关系。这要比用烦琐的数据、专业术语等来解释更加简单。

比如我曾经辅导的演讲案例。

"最近几年都没有回老家过年，再次见到老家的房子，发现它依然静谧地立在村头等着我，不同的是，我发现它不如前些年光亮了，原先院子里的大石榴树也不知道什么时候被砍掉了，藏在树身后的墙面砖瓦似乎稍稍用力就会掉下来似的，它老了……当年可以让我依在怀里躲猫猫的那座房子老了。"

再比如拟物这种修辞手法的运用：

他从小长相畸形，还口吃，处处被嫌弃，爸妈也不爱，但只要浇他一滴水，他就有了股疯长的力量，任凭脚踩、车轱辘轧，他都一个劲儿地泼辣地长着，仿佛生命里除了生长还是生长。有一天，他开了花，用整个生命开了花，然后等待着结果子。

比拟的使用增强了语言的抒情色彩，既能给人以一定的启示，又能给人以艺术上的美感。

看到这里，有些企业家朋友可能会感到疑惑：在商务场合中，不是应该有一说一、实事求是吗？用得着演讲得这么有艺术感吗？

那就请看看那些深受人们喜爱的商业领袖，你会发现，他们个个都是善于运用语言修辞技巧的演讲高手。所以，如果你只是想让员工听懂，那么你条理清晰地表达出来就可以了；但当你想让员工和客户被你所演说的内容深深吸引、触动，并由此而信任你、追随你，那么，你就要让你的语言更有魅力、更有感染力、更有说服力、更有艺术力！而适当的修辞，起到的恰恰就是这个作用！

第三章　情绪传达
——一开口就掌声不断

你相信一个动作可以改变听众的想法吗？不仅如此，你的服饰、表情、声音、模式等，都可以成为传达情感的媒介，并且在一定程度上来说，它们比语言本身所传达出来的情感更深刻、真实。

3.1　演讲时你重视服饰了吗

俗话说"人靠衣装马靠鞍"，当人们精心打扮后，会不由自主地感到更自信、更坚定。事实表明，当人们打扮得像一位成功人士，就会更渴望获得成功并可能最终走向成功。这就是服饰对人的影响。同样，服饰还决定着他人对你的印象。

1960 年，尼克松和肯尼迪第一次通过电视论辩竞选美国总统。从当时的政治影响来说，尼克松成功的可能性要远大于肯尼迪，可结果却是他输了。

当天，肯尼迪精心打扮了一番，显得精神饱满、气宇轩昂；而尼克松由于大病初愈，面容显得十分憔悴，身上的西装看起来也好像大了一号，再加上尼克松所选的西服又是灰色的，整个人看起来都显得萎靡不振，个人魅力完全被掩盖了。有趣的是，大部分听广播的选民都认为尼克松会获胜，因为他们看不到演讲者演讲时的形象；而大部分看电视的选民则认为肯尼迪会获胜，很显然，他们通过电视看到了演讲者的形象，对肯尼迪产生了好感。

《芝加哥每日新闻》还提到"是电视化妆师毁了尼克松吗？"尼克松还在他的书籍《六次危机》中说："我应谨记，一张图片胜过千言万语。"

通过上面的例子我们看到，在演讲当中，服饰同样起着重要的作用。

当演讲者是一位男士，他穿着奇形怪状的上衣、松松垮垮的裤子，口袋里的纸巾、手机若隐若现，甚至腰间还挂着钥匙；当演讲者是一位女士，她穿着一条超短裙，脚上踩着一双"恨天高"，手上挎着一个丑丑的或破旧的包包——你认为听众会认真地听他们演讲吗？

人是视觉动物，听众在看到演讲者的形象后，总会不由自主地把演讲者的思想和观念同他们的服饰联系在一起，而结果就是：人们真的很难对一个外表邋遢或穿着奇装异服的演讲者产生信任与支持，因为任何人都没有义务通过你邋遢的外表去深究你美好的内在。

所以，不要小看了服饰在演讲中的作用，它其实正是你演讲状态的一个展现。在你没有开口演讲之前，听众对你的第一印象就是你的外在。而你的服饰向听众传递的正是你的精神面貌、文化素养和审美观念，因此它会影响听众对你接下来的演讲的接受程度。

那么，演讲时怎样选择适合自己的服饰，使其为自己的演讲加分呢？我的建议是：演讲服饰应从色彩和款式两方面去考量。

服饰色彩：神奇的"三色原则"

对于大多数演讲活动来说，演讲者的穿着打扮只要干净、整洁、大方、朴素，就已经达到了一个演讲者的服饰标准，也能够让听众接受。但是，当我们严格要求演讲者的服饰装扮时，那就有很多需要注意的地方了。首先，一个比较重要的地方就是演讲者装饰的色彩，一般来说要遵循"三色原则"。

什么是"三色原则"呢？"三色"并不是3个具体的颜色，而是3种色系。简单地说，就是演讲者服饰的大的色系不能超过3种，颜色过多，就会给人一种花里胡哨、不够庄重的感觉。

其次，演讲者的服饰颜色要符合演讲的场景，因为不同的颜色会表达出不同的情感、寓意和作用。

·在一些庆祝类的场合发言，如年会、婚礼、庆功等，演讲者可以选择红色、粉色、黄色等亮丽一些的颜色，给人一种热情、喜悦、有活力的感觉。尤其是大红色，它被称为"钟情色""好感色"，可以激发人的热情，使人对演讲者产生好感。

·在一些比较严肃、郑重或哀痛的场合发言，演讲者就要选择黑色、灰色等颜色较暗的服饰，给人一种庄严、肃穆的感觉。

·在客户面前做产品介绍或项目推广时，我建议演讲者选择蓝色色系的服饰，因为蓝色是"成交色"，可以给人一种可信感。

·服饰颜色从上到下按照从浅到深的方式搭配，给人以稳重之感；反之，给人以活泼轻快之感。

·你需要事先了解演讲舞台的背景颜色，以便自己的服装颜色与之相协调。

服饰款式：适合自己的才是最好的

首先，服装的选择要符合你的演讲内容。当你去做公益演讲时，切忌穿得过于华贵时髦，否则不管你讲得好不好，都有可能会引起非议："这个人是来做公益演讲的吗？我看倒像是来走时装秀的！"你辛辛苦苦忙活一场，最终换来的却是听众的不买账，岂不因小失大？

有一次，我应邀出席一个全国演讲大赛并担任评委，一位选手在演讲中表达了对自己母亲的爱，她当时还穿了一件妈妈给她做的衣服，这样的设计不但贴合主题，也非常有感染力。所以，你的服饰要符合你的演讲内容。当你要演讲的内容很严肃、庄重时，就要穿正式的中山装、唐装、商务套裙、西服等；当你演讲的内容比较活泼、自由时，也可以选择一些比较休闲的时尚款服饰。

其次，服饰的选择要符合自己的身份。如果你还是个学生，建议你不要穿高档的名牌服装，更不要打扮得花枝招展，而应遵循整洁、大方的着装原则；如果您是一位长者，那么所选的服装应该庄重典雅，体现出您的修养和水平。

再者，选择服饰时要考虑听众。我印象很深的一次演讲是给一个连锁机构分享工服着装礼仪时，我主动提出让主办方借给我一套工服穿。当我穿着和听众一模一样的服饰，跟他们分享这套工服的设计理念、蕴含的企业文化以及这套工服是如何美丽的时候，他们的眼睛亮了，课后甚至有学员跟我开玩笑说："老师，经你这么一穿，又这么一诠释，我觉得我这身工服比名牌服装还高贵！"试想一下，假设那天我分享时依然跟平时一样穿着自己的套裙，演讲效果可能就会大打折扣。

我经常到农村给农民伯伯、乡村阿姨们演讲，这时，尖头高跟鞋是要坚决脱掉的，有时就穿一身布衣布鞋，且最好有怀旧的古朴风，这样就不会给人高高在上的感觉，与听众的距离一下子就拉近了。在为一些企业家讲授课程时，我会挑选亲自设计的旗袍，要求服饰华贵且细节精美。更重要的是，我会要求将"自己的目标"绣在衣服内衬上，这样这件旗袍就不仅仅是遮身所用，更是能量的加持了。当服饰看起来比较有质感时，大部分企业家会对这位老师产生信赖，从而更认可讲师、更用心地听课。注意，这不是不平等待人，恰恰是尊重彼此的表现。

最后，服饰的选择还要考虑自身的体型和肤色。若你的身材比较丰满，那就不适合为了突出肌肉而穿过紧的衣服，会给人一种透不过气的感觉，而应选择宽松、简洁、深色的衣服；如果你的体型较为瘦削，穿太宽松的衣服就不合适，会显得松垮，人也显得没有精神，贴合体型的、亮色的服饰就比较合适你。

乔布斯演讲时的着装经常都是一件经典的黑T恤、牛仔裤，外加灰色运动鞋，这套打扮几乎贯穿了他的整个"苹果"生涯。它既是乔布斯的一个舞台标签，同时也暗示着苹果的品牌文化内涵——打破现状。所以，不要小看乔布斯演讲时的那身装扮，那其实也是苹果企业文化的一个展示呢！

王老师敲黑板

· 不要穿短裤、背心、短裙、大衣上台演讲。

· 不要戴夸张的项链、耳环、戒指演讲。

· 不要戴墨镜或有色眼镜演讲。

· 不要戴帽子、手套或围巾演讲。

· 不要穿拖鞋或凉鞋上台演讲。

· 不要背包、挎包上台演讲。

· 演讲时不要浓妆艳抹。

· 女士不宜完全披发，男士不宜蓬头乱发。

3.2 如何通过一个动作把你的想法植入听众的大脑

你可以尝试着在你的朋友面前做一番演讲，在演讲内容相同的情况下，第一遍不要加入任何动作，第二遍增加动作。然后让你的朋友回答哪种演讲更能感染他们。

我相信他们会选第二种！20世纪70年代美国心理学家艾伯特·麦拉宾（Albert Mehrabian）通过为期10年的一系列研究，分析口头和非口头信息的相对重要性，得出结论：人们在进行语言交流时，55%的信息是通过视觉传达的，如手势、表情、外表、装扮、肢体、仪态等；38%的信息是通过听觉传达的，如说话的语调、抑扬顿挫等；7%来自纯粹的语言表达。如图3-1所示，这也说明了态势语言的重要性。

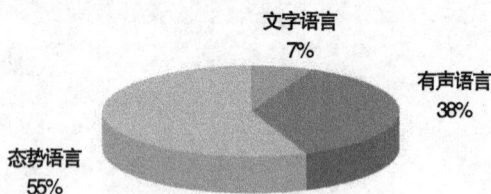

图3-1　3种表达语言

我在为一些企业的领导做培训时，通常会要求他们观看自己的演讲视频，然后给我反馈，其中大多数人说当他们看到自己的演讲动作时，会感觉非常别扭、不自然。

那么，如何做到动作自然贴切，增强演讲效果，甚至可以让动作有效地传递自己的想法和观点，为自己的演讲"锦上添花"呢？下面两点需要注意。

体态：你的姿态决定你的"台风"

（1）登台前

·提前与主持人打招呼，确定自己的信息。

·看好地形、路线，了解听众的情况。

·整理自己的服饰、发型以及手中的资料和道具等。

·请相关工作人员调整好 PPT、音响视频效果、话筒高度等。

·与相关工作人员沟通演讲过程中的设备配合情况。

·调整心态，酝酿感情。

（2）登台时

·向主持人和听众点头致意。

·不要小步、碎步、快步匆忙上台，而要落落大方地走上讲台。

·走到讲台拐角处，看向听众。

·在距离立杆话筒还有半步时，轻松自如地转体，向听众鞠躬。

·在没有遮挡物的情况下，也可以站到讲台中央后再鞠躬。

·横跨半步，站立到立杆话筒后的讲话位置。

（3）登台后

·站立时，肩要平、身要直、头要正，自然、大方，不拘谨、不呆板。

·双手自然垂于身体两侧，或合拢后放在小腹或腰间（女性手位）。

·不要马上开口，先用 3~5 秒的时间看向听众，并用亲切的目光扫视全场。

·准备开讲。

（4）下台时

·演讲结束后，继续与听众保持片刻的目光交流，以给听众少许时间消化你的演讲内容。

·走到立杆话筒另一侧，或走到舞台正中间，面向听众鞠躬。

·步履轻盈地缓缓走下讲台。

·下台后，也要注意你的一举一动。

有关下台后的重要性，我给大家分享一次我在全国演讲大赛做评委的经历。比赛中有这样一位选手，专业水平和个人素质都很高，我觉得她的演讲堪称完美。当她鞠完躬的时候，我提笔正要给她一个高分，我再次抬头，发现她竟然在下台阶时给她台下的同伴摆了一个"耶"的造型。估计是演讲刚刚结束，她迫不及待地想跟同伴互动一下，大有大功告成之意。没办法，我只好根据评分规则，按比例扣分。要知道，绝大多数选手的扣分都扣在内容上，我内心觉得她这分被扣得真不值！所以，你一定要注意自己在演讲活动全程的行为举止，哪怕是在洗手间，因为你也不知道旁边的陌生人是谁，而你的表现时刻都塑造着你在别人眼中的形象。

手势：道是无声却有"声"

我记得有一次看惠普前CEO卡莉·菲奥里纳演讲，当她说到"动力"这个词时，她将左手放在前面，右手向左手的方向做了一个推的动作。当时，这个动作就完美地加强了"动力"这个词的效果。

在演讲的时候，我们经常需要强调重点。为了突出这个重点，我们就需要用到不同的手势来表达。

在世界著名的TED演讲中，有一位名叫埃内斯托·思罗力的演讲者，他是一位著名的经济发展专家。在TED演讲中，他跟大家分享了自己在赞比亚教当地居民种植西红柿的经历，还有从这一经历中所获得的一些感悟。

在演讲过程中，思罗力便配合语言使用了不同的手势，而且他的手势很有力量，令他的观点和案例更具有说服力，如表3-1所示。

表 3-1 思罗力 TED 演讲内容及对应手势

演讲内容	对应手势
西红柿在非洲长得很好。在意大利，一个西红柿一般长这么大，而在赞比亚，它能长到这么大	双手先围成一个小圆圈，随后双手依次张开，最后利用双臂和双手共同围成一个大圆圈
这让我们难以置信。我对赞比亚人说："看，农业就是这么简单。"西红柿成熟了，长得又大又红，却引来了河对面的 200 多头河马，它们在一夜之间就吃掉了所有的西红柿	双手向身体两侧慢慢伸展，在说到引来河马时，手向前伸出。停顿片刻，继而做出睁大眼睛和张大嘴巴的表情，表现出他的震惊和难以置信
我们对赞比亚人说："天啊，这些该死的河马！"	双手放到头上
赞比亚人说："是啊，所以我们这里没有农业。"	点头

　　手势虽然只是一种无声的语言，但运用到演讲过程中，与有声的演讲搭配，就能令演讲变得更加生动、形象，听众也更容易被代入演讲者所描述的场景中，与演讲者感同身受。

　　在给学员培训时，我也会经常强调手势的作用，但总有学员很烦恼地向我诉苦说："老师，我就是用不好手势，要不就是说着说着给忘了，要不就是不知道该把手往哪儿放，这怎么办呢？"

　　为了便于理解，我们就按照手势活动的区域来与你分享一下手势的运用。

手势分类

手势分类的方法很多，这里先按照手势活动的区域来分类。

（1）上区手势

说话时，活动区域超过肩部的手势，我们称其为上区手势。

当演讲者的手势在这一区域活动时，演讲者的情绪最高涨，这种手势通常用来表达演讲者的期望、理想、激动、喜悦、祝贺等情绪，一般在演讲的中后场或在演讲高潮时使用，如：

"努力吧！加油吧！"

"只有往前冲，才能守住当下！"

（2）中区手势

演讲时，在肩部与腰部之间活动的手势，称为中区手势。手势在这一区域活动时，通常表示叙述事物、说明事理等，演讲者的情绪较为平静，一般不带有较浓厚的感情色彩。

运用中区手势时，单手或双手要自然向前或向两侧平伸。

（3）下区手势

在腰部及以下部位活动的手势称为下区手势，此时多表示憎恶、鄙视、反对、批判、失望、压抑等情感。

手指动作

除了手势外，手指的动作也不可小觑。可别小看我们的 10 个手指，在不同的演讲中，不同的手指动作的作用绝不亚于语言所发挥的作用。

我也总结了几种常用的手指动作，在这里分享给大家。

·竖起大拇指，其余四指弯曲，表示肯定、点赞、第一等含义。

·食指伸出，其余四指弯曲合拢，这一手势俗称"指点江山"，多用于指事物、方向等，也可用于发表观点甚至表达肯定的态度。要表示重点强调时，也可将胳膊向上伸直，食指指向空中。有时还可表示一、十、百等含义。若食指弯曲成钩状，则表示九、九十等含义。注意，一定不可以用手指指人。

·食指和中指伸直分开，其余三指弯曲，表示胜利，也就是我们常说的"耶"。英国首相丘吉尔在演讲中经常用到这个手指动作。此外也可表示第二、二十、二百等含义。

·中指、无名指、小指三指伸出，另外两指弯曲成"O"形，表示"OK"、可以、肯定等含义，也可表示三、三十、三百等含义。注意，不要以伸出食指、中指、无名指的方式表示"三"，因为"OK"手势表达出来的"三"具有催眠的意义，这样你的听众接收到"三"这个信息的同时，也会接收到"OK"的信息，他们会莫名地为你的演讲称好。

·食指、中指、无名指、小指伸出，大拇指弯曲，表示第四、四、四十等含义。

·五指全部张开，表示五、五十等含义。

万能手势小锦囊

除了上述手势语外，我还自创了一个"万能手势小锦囊"送给热爱演讲的朋友。这个"锦囊"中装的是常见的 6 个四字词语，当你掌握了这 6 个词语中的手势动作，你便可以搞定演讲中 85% 的手势了。下面我们就一起来学一学这套动作吧，注意，做每个动作时都请保持四指并拢，大拇指打开。

（1）高压政策（正侧）

这个四字词语包含了 4 个手势，分别如下。

高：将一只手高高举过头顶，手掌打开，四指并拢，大拇指张开，手心面向内侧。

压：将高举的手从高处向下压到腹部位置，手心向下。

正：将手放在身体的正前方，5 个手指指向前，手心对着内侧。

侧：将手放在身体侧前方，手心面向侧前方。

（2）左右逢源（圆）

这个四字词语包含了 4 个手势，分别如下。

左：抬起左手手臂，小臂略弯，放置身体侧前方，手掌打开，四指并拢，大拇指张开。

右：抬起右手手臂，姿势与左手一致。

逢：两只手同时收回，叠加在胸腹位置，"相逢"在一起。

圆：两手打开，在胸前画一个圆弧。

（3）举手投（头）足

这个四字词语包含了 3 个手势，分别如下。

举手：左右手均可，单手举起，手掌打开，指尖向上，手心面向内侧，跟平时发言举手的姿势一样。

头：用手指向头部，四指并拢，大拇指打开。

足：手下移，用手指向足部。

（4）推心置腹

这个四字词语包含了 3 个手势，分别如下。

推：双手举起到胸部位置，手掌打开，手心向前推出。

心：双手收回，放于胸口的位置，手心向内。

置腹：双手指尖相对，掌心向下，放于腹部的位置。

（5）白（摆）手起家

这个四字词语包含了3个手势，分别如下。

摆手：手臂向侧面伸直，手心向前，以肩部为轴上下摆动。

起：大臂带动小臂由侧面向前上方收回。

家：四指并拢，大拇指打开，两只手手心相对，双手合成一个三角形，就像要搭建一个"家"一样。

（6）全力（拳立）一战（赞）

这个四字词语包含了3个手势，分别如下。

拳立：一只手举起，握拳，立起。

一：将握拳的手的食指伸出，手指与地面垂直。

赞：其他手指收回，大拇指翘起，点赞。

欢迎扫描本书封面勒口二维码，观看我亲自为你录制的视频。

王老师敲黑板

· 手心向上表示积极，手心向下表示消极。

· 双手比单手的气势更大。

· "演讲手势原创顺口溜"：

先出声来后出手，先出单手后双手；

四指并大拇指翘，走动手势真奇妙；

手哪儿放就哪出，定住五秒要记住；

勤换话筒单手持，脚找话筒身体直；

手势求精不求多，眼看观众不做作；

数字手心要对外，学习演讲真够快。

催眠手势

你相信一个动作可以改变听众的想法吗？

有一年的阳春三月，我家乡的领导邀请我回家乡做一个有关阳光心态的演讲，我非常开心，欣然前往。我的家乡是世界长寿之乡，也是帝王之乡，它坐落在神奇的北纬30度，山地、丘陵、平原、溶洞、江河均有，人才辈出，是一座历史文化旅游城市。虽然我离开家乡到首都学习工作多年，但我一直以家乡为傲，能够回到家乡演讲是我再荣幸不过的事情了！

我设计了一个主题"种下内在太阳"。讲座结束后,很多听众跑来找我签名或合影,说出了几乎同样的话:"老师,听了您的讲座,我感觉您就像太阳一样温暖……"

这是巧合吗?当然不是!

注意,把我比作温暖的太阳,不是听众自己想到的,是我让听众这么想的!我到底做了什么呢?很简单,一个动作!

在演讲中,我时不时地重复这么一个关键句:"因为我们是太阳普照的钟祥人!"每当说到"太阳"这两个字时,我都把手指向自己,将自己和太阳进行了直接的"连接"。这样一来,当我再提到自己时,台下的听众立刻就会想到"太阳",进而对我产生"就像太阳一样"的印象。

如果你想在听众心里建立好的印象,你可以在每说到正能量的词汇时都用手指向自己,效果一定很好!

我们上面说的都是演讲中需要做哪些手势,那么有没有演讲中不能做的手势呢?答案是——"有"。

下面这些手势,演讲时是一定要避免的:

拍桌子、捶胸顿足、背着手、双手叉腰或插入口袋、用手指指向观众、双手乱晃、摸头发、摸鼻子、揉眼睛、抠牙齿、抓耳挠腮、摆弄衣角或纽扣、乱摸话筒等。

通过上面的分享,相信你对手势已经有了比较详细和深入的了解了,接下来就看你的运用情况了。

3.3 面部表情为演讲锦上添花

演讲的时候，从上台开始，听众除了分析你的口头语言外，还会重点分析你的表情。因为你的表情代表着你的态度、情绪和感受，听众会根据你的表情自动判断出你所说的是否出自本心、是否真实。台上的你不能照镜子，所以并不知道自己的表情变化，但台下的听众时刻都在注视着你，你脸上任何的细微表情都可能被他们捕捉到，并由此对你进行判断。

比如，你走上台后，开场就对大家说："很高兴见到大家……"可你的脸上却毫无高兴的表情，甚至还绷着脸，听众会相信你的话吗？如果一开始你就没能让听众相信你，那么听众又怎么会相信你接下来在演讲中所讲的话呢？

再比如，你告诉你的团队："我为你们取得的成绩感到骄傲和自豪！"如果在说这句话时，你的脸上带着肯定的微笑，眼睛里闪着光芒，你的团队肯定会倍受鼓舞，以后也会更加卖力地工作。可如果你的表情如一潭死水，眼神空洞无物，你的团队肯定会觉得很没意思，哪怕你夸奖了他们！

所以，你的表情可能会出卖你。

演讲时，我们的面部表情主要包括脸部表情和眼神。表情运用好了，同样能为你的演讲锦上添花。下面我就分享一下如何在演讲过程中有效地利用面部表情，向观众传达出你真正要传达的情感。

脸部表情：微笑能拉近你与听众的距离

俗话说"伸手不打笑脸人"，一张带有真诚、亲切、热情微笑的面孔，是很难让人感到厌恶的。

美国前总统比尔·克林顿，每次走进有听众的房间，不管是否认识，他都会先热情地与对方打招呼："嘿，你来啦！"第一次见面就这样笑脸相迎、亲切大方，肯定会给人留下非常好的印象。

我曾在演讲课堂上放过两张照片，一张是一位知名人士的照片，另一张是一位普通人的照片。两张照片中，名人一脸严肃，而普通人却面带微笑。我当时问："看完这两张照片，大家更喜欢哪一位？"几乎所有人都选择了那位不知名的微笑者。所以，相对于大家熟知的人，即便你对大家来说更陌生，也能因为微笑赢得大家的喜爱。

微笑所传递出的是一种热情、亲和的信号，可以迅速拉近你与听众的距离。有的学员说："老师，我一想到自己要上台演讲都紧张得快昏过去了，哪里还笑得出来？我感觉自己笑比哭还难看呢！"那你需要多在台下做"热身运动"。在开始演讲前，让你的面部肌肉多"运动"几分钟，你甚至可以用两只手用力地挤压自己的面部肌肉，然后再放开，重复几次。一旦你刺激了面部肌肉，你就会慢慢发现，不需要过多的关注，你的脸部表情也能自然而然地传达出更多的情感。

需要注意的是，在一些特殊的场合，如参加葬礼、进行救灾动员时，你就要收起自己的微笑了，因为这些场合的气氛是沉痛、悲伤的，你的微笑会显得很不合时宜。

目光：像蜜蜂采蜜一样注视听众

在面部表情中，除了脸部表情，目光也很重要。我在讲课和做训练时，经常提醒学员演讲时一定要注视听众，与听众进行目光交流。

不过，当你被人注视太久后，是否会感到紧张不适，不知自己是不是哪些地方出了问题，才让对方如此盯着自己不放？这正是演讲者要注意的地方，即与听众进行目光交流时，不能总是盯着某个或某些听众不放，否则就可能引起听众的不适。

不注视听众不行，一直注视也不行，那到底应该怎么办呢？

其实很简单，你在演讲时不妨学学蜜蜂采蜜的方法。小蜜蜂在采蜜时，通常会先选择一朵花，飞到这朵花上，然后在这朵花上停留片刻，采完花蜜后再飞到下一朵花上，并且不断重复这个过程。我们在演讲时就可以运用这种方法，即让你的目光专注于某位听众3~7秒，在注视对方时可配合手势，用手指向对方，这样对方就会感觉到你的真诚与尊重，有可能还会报以点头、微笑等动作，这样便形成了彼此之间良好的互动。然后，你再将目光转向下一位听众，重复这个过程。

如果听众人数不多，你可以把听众席划分为"田"字形的4个区域，如图3-2所示；如果听众较多，你也可以把听众席划分为"井"字形的9个区域，如图3-3所示。

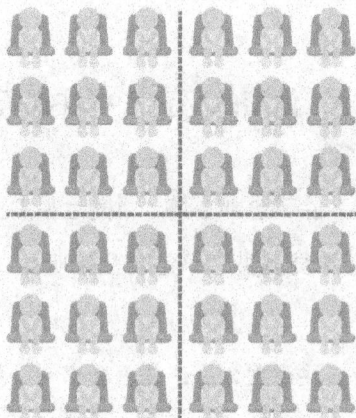

图3-2 "田"字形区域图

图3-3 "井"字形区域图

比如，你可以从较远的右后区域的一大群听众中选中一个人，那么他周围的 8 个人从远处看你时，都会觉得你也是在看向他们。找到这个目标听众后，你的眼神就集中在他身上，然后在演讲出现短暂的停顿时，你再将目光慢慢移动到下一个区域，去选择下一个目标听众，如此重复。

要注意的是，在转移目光时，你要确保自己的目光是随机地从一个区域转向另一个区域。我总结了一个秘籍：左顾右盼、东张西望、前瞻后嘱。总之转移目光的时候不要像扫描仪或电风扇一样有规律地移动。如果听众人数不多，最好在演讲过程中能与每一位听众都进行眼神交流，让每一位听众都感到被你重视，觉得自己正处于与你的互动当中。

王老师敲黑板

·看听众，从礼节来讲先看第一排核心位置的重要人物。

·看听众，先看那些和善的、配合度高的。

·观看尼克·胡哲的演讲，虽然他天生没有四肢，无法发挥动作，但是尼克·胡哲的面部表情真的是做到了极致，极好地弥补了其在动作上的缺失。

·在演讲过程中，如果需要让听众看幻灯片或其他人等，你要学会用目光引导听众，你看向哪里，就将听众的目光引向哪里。你可以先转动身体，让自己的目光先转向幻灯片或其他人，然后用手势将听众的目光引向幻灯片或其他人。看完后，你还要重新回到原始姿势，将听众的注意力再次拉回到你的身上来。

·如果听众成千上万，那么可能连后排的听众的性别都辨不出，更别提看清脸庞了，这时候我们可以用虚视法，即眼神不聚焦，打造一种似看非看的状态。

3.4　声音也会影响听众对你的印象

你在演讲的时候，可以没有 PPT，可以没有动作，但绝对不能没有声音。可以说，声音是演讲表达当中最基本、也是最重要的构成部分之一。演讲时的声音表现，将会在很大程度上决定听众对你的印象。

有一次，我应邀参加了一家公司举办的新品说明会。这个说明会是在一个五星级酒店举办的，现场布置得非常有格调、有创意，宽大的 LED 屏幕上播放着制作精美的宣传片，现场的音效也极为震撼，让人忍不住就对接下来的说明会充满了期待。

不久后，主持人上台，对主讲人进行了一番隆重的介绍。随后，我看到所谓的主讲人低着头上台了。他从主持人手里接过麦克风，然后把头稍稍抬起了一下，又清了清嗓子，感觉得出他比较紧张。随后，他拿起翻页笔，对着大屏幕上的 PPT 开始演讲，但声音却很沉闷："大家好，很高兴有机会跟大家分享我们的产品……"

整个过程中，主讲人的声音都没有表现出一点热情和喜悦，一直都闷闷的，感觉像是没睡醒一样。我当时就想：这样的说明会怎么能够成功呢？果不其然，说明会的结果很不理想。

试想一下，如果当天这位主讲人稍稍花点时间学演讲，做到精神状态饱满，声音热情洋溢、充满激情，又能随时与台下听众进行积极互动，我相信他们这场活动的订单量至少能提升 20%。

既然演讲时的声音这么重要，那有的人可能就很灰心："我的声音天生就不够明亮，是不是就注定不能做演讲？"或者"我一紧张就有点口吃，这是不是也不适合演讲啊？"

而我的答案是：就像积极的锻炼可以让你获得一副好"身板"一样，你的声音也可以"打造"。只要用对方法，坚持进行训练，你的声音也会像身体的其他部分一样，获得一定的改进，从而让你在演讲中发出最佳声音。打造声音，需要注意以下两个方面。

气息：练好气息，以气带声

气息是人体发声的动力，就像汽车的发动机一样。气息的大小与你的演讲声音有着直接的关系。气不足，你的声音听起来就会有气无力、上气不接下气；气太足，又可能会导致声音嘶哑、损伤声带。所以，练习发声，首先得练好气息，然后以气带声，使自己既能够适应较长时间的演讲，又能在整场演讲中控制好气息，做到很好地驾驭声音，增加演讲的效果。

那么，我们该怎样练习气息？我总结了一下练习气息的方法，你不妨跟着练习一下。

· 吸气：吸气时用鼻子，或口鼻同吸。胸腔打开、肋骨扩张，腰部向外扩展，以便将更多的气吸入腰腹部。此时，你会感觉前腹部和后腰部分别向四周撑开，以至于会有腰带渐紧的感觉。

吸气时注意：双肩不上抬，吸气不过猛。

·呼气：呼气时要用鼻子，或口鼻同呼。保持吸气时的状态，收住小腹，同时控制胸腹部，将肺部吸入的气体缓慢、均匀、平稳地向外呼出。在呼气过程中，一个接一个地发音，从而将发出的语音组成有节奏、连贯的有声语言。

呼气时注意：以丹田、胸腔、后胸作为着力点呼气，这样我们在发声时才会比较有力度。

除了上面练习气息的方法外，我还创造了一个练习气息的方法，叫"青蛙跳"。这是非常有效的实战训练方法，你是不是迫不及待地想跟我一起练习了呢？

第一步：双脚打开，与肩同宽，下蹲，背部保持与地面垂直。

第二步：双手向前伸出，手掌打开、手心向上，自然放松。吸气同时手掌自然握拳，然后将双手收回至腰部。

第三步：双脚跳离地面，同时双手伸开，反掌、下压，吐气的同时口中发出"嘿"或"哈"的声音。

你是不是被我说得有点糊涂了？别急，欢迎扫描本书封面勒口二维码，观看我亲自为你录制的视频。

音色：音色完美，效果"爆棚"

在多年的演讲中我发现，凡是语言艺术运用得好的演讲，不仅能准确、形象、具体地表达出演讲者的思想感情，而且演讲者的音色圆润、声声入耳、娓娓动听，从而使听众获得了美好的体验。而有些演讲者在演讲时，嘴巴里就像含着一块年糕一样，发音不准，吐字不清，这是非常糟糕的！

要想在演讲时音色优美、吐字清晰，我们就要把一个字的读音分为字头、字腹、字尾3部分。

·咬住字头。有句话叫"咬字千斤重，听者自动容"，说的就是发音时要紧紧地咬住字头。这时，你的嘴唇一定要有力，把发音的力量都放在字头上，利用字头来带响字腹和字尾。

·字腹发音充实、饱满。要想让声音圆润优美，你就要使自己发出的每一个字音都是"站"着的，而不是"躺"着的；是"圆"的，而不是"扁"的。

·字尾要归音。什么是"归音"？就是要让你发出来的字音"回家"、要完整，不能发"半截子"音，让人听了好像饭咽了一半，忽然卡在嗓子里一样。当然，既然是"归音"，就要把字尾收住，不能让音节拖得过长。

你在练习时，一开始吸一口气说一个字，然后慢慢地发展为吸一口气说一句话；同时为了让发音更有张力，注意让你的眉毛、苹果肌上扬。按照这种方法去练习，一段时间后，你的吐字发音一定会有所提高。

在音色方面，我也有自己的"秘诀"，我还给这个秘诀起了个有趣的名字，叫"吃苹果，过小桥"。那么"苹果"怎么"吃"、"小桥"怎么"过"，才能锻炼我们的音色呢？接下来我们就一起练习一下吧。

第一步：准备。

一只手握拳，放在嘴边，仿佛拳头就是一个苹果，可以一口被吃到嘴里；另一只手的手背拱起放在耳边，仿佛一座小拱桥。

第二步：吸气。

具体的吸气方法之前已经谈到，此次不再赘述。

第三步：发声。

吐气的同时发出声音。发声时牙关打开，嘴巴尽量张大，仿佛要把"苹果"一口吃下去。当声音到达"小拱桥"的最高点时停下来，此时的声音听起来最有张力、最有穿透力。建议你可以从"张"这个字练起。

张大嘴巴时，可用两手摸一下耳前的牙关位置，如果此处有个凹陷，说明你的动作是正确的。在发音的过程中，我们的面部表情要保持上提，从而呈现出一个很兴奋的状态。

最直观的感受，马上扫描本书封面勒口处二维码，和我一起练习吧！

王老师敲黑板

为使声音清亮、圆润，演讲时要避免发生以下情况。

· 喊叫。

· 漏气。

· 喉音。

· 抖动。

· 朗诵腔调。

· 拿腔拿调。

· 鼻音太多、太重。

3.5　声音多变化，掌声停不下

高速公路上往往容易出车祸，为什么？因为高速公路没有起伏变化，司机容易犯困。同样，任何一场演讲，如果你的声音都是一成不变的，没有情绪变化、没有语速变化、没有音调的起伏、没有节奏的变化，就像一潭死水一样，你怎么能指望听众会对你的演讲产生兴趣呢？

声音的变化会直接影响听众的选择！神经语言程序学（Neuro-Linguistic Programming，NLP）创始人班德勒约见催眠大师艾瑞克森的时候，一开始艾瑞克森并没有答应见面，后来班德勒调整了策略，对艾瑞克森说：

"其实有很多人……艾瑞克森先生，他们都知道怎样去……找出时间！"艾瑞克森这次竟然同意了！聪明的你猜得出原因吗？

现在请你把着重强调的部分"艾瑞克森""找出时间"连起来读一下，发现了什么？是的，这是一个隐晦式命令，是一个声音催眠。艾瑞克森立刻读懂了班德勒的弦外之音，这也促成了后现代心理学NLP的创立。

你看，多变的声音产生的效果多么的不同。晨琛老师把声音的变化分为6种，分别为以下内容。

音量大小的变化

第一个问题：请问上台的第一句话声音是大一点好还是小一点好？

很多人认为刚上台时应该声音大一点，因为这样开场会显得比较有气势，能吸引大家的目光。而事实上，开场的第一句话声音应该小一点，主要有以下 3 方面的原因。

首先，演讲如唱歌，高潮一般在中后场，如果一开场就很大声，后面就很难再突出高潮了；其次，刚上台时可能大家对你还不了解，如果开口就很大声会显得你修养不够；最后，刚上台时，大家可能并没有完全安静下来准备听你的演讲，声音小一些反而更容易让大声讲话的听众迅速安静下来。

第二个问题：当台下吵闹时，作为演讲者的你，声音应该大一点好还是小一点好呢？

很多人认为此时应该声音大一点，因为这样可以盖住台下的吵闹声。但在现实中，你的声音越大，台下听众的讲话声便会越大，因为他们要尽力听清同伴说了什么。当现场的吵闹声没有因为演讲者提高的音量而稍微安静的时候，会极大地降低演讲者在听众心中的权威感，对演讲大为不利。所以，作为演讲者，此时的我们应该压低声音甚至不说话，只是沉默地微笑着看着大家，相信台下的听众很快就会安静下来。因为当你的声音变小甚至没有声音时，台下讲话者的声音会逐步突显出来，他们便不好意思继续说下去了。

所以，在音量大小的变化上，你要留意以下几个方面。

· 上台说第一句话时音量不宜太大，当然也会因场景不同而有不同的处理。

· 台下有人吵闹时，你的音量不宜太大。

· 内容激情时音量大，反之音量小。

· 音量大小随会场秩序和场地条件而变化。比如场地越空旷，音量越大。

· 音量大小应根据听众的层次和人数来决定。比如人数越多，听众越年轻的时候，音量当然也要越大。

· 音量大小要恰当、适度，变化也要顺畅、自然。

音调高低的变化

演讲原本就是演讲者的一种情绪传达，所以说话时必须要让听众感受到你的情绪变化。情绪变化中很重要的一点就是音调的高低。

这种有高有低、有升有降的声音变化，不仅赋予了语言以抑扬顿挫的特点，还体现了一定的思想情感。

句子的音调高低的变化可分为 4 种类型。

· 平直调。即一句话前后的音调保持一致。如果你是在陈述或说明某件事，或者表达严肃、庄重的内容时，就可以用平直的语调，无须加入太多的情绪变化。比如："他于 7 月 5 日下午 3 点，抵达莫斯科……"

· 高升调。即一句话前部音调低、后部音调高。如果你想引起听众对内容的期待，就可以运用高升调。比如："接下来，会发生什么呢？"

·降抑调。即一句话前部音调高、后部音调低。一般感叹句多用此音调。比如，"今天是多么美好的一天啊！"

·曲折调。如果你打算表达讽刺、怀疑等情绪，或者处于语意双关等语境时，曲折调是最为恰当的语调。比如："好一个友邦人士！是些什么东西！""你学得好，比谁学得都好！"

我用直线来表示这四种类型的音调，如图3-4所示。

平直调　　　　高升调　　　　降抑调　　　　曲折调

图3-4　音调图

语速快慢的变化

一般来说，演讲时的语速变化主要与演讲的内容、环境气氛、听众的年龄和身份等有关。比如激情的时候，语速比较快；青年听众多的时候，语速快；欢快的时候，语速快；反之则语速慢。但总体来说，演讲时的语速要达到如下要求。

·快而不乱。

·慢而不断。

·字断气不断。

·声断情不断。

节奏强弱的变化

节奏就是在说话的过程中，由一定的思想感情造成的有秩序、有节拍、有强弱、有轻重、有缓急、有规律的声音形式。如果演讲缺乏节奏，或者节奏不鲜明，演讲者的思想感情就不能很好地表达出来，自然也不能有效地影响听众。

演讲节奏主要包括以下4种。

· 高亢节奏。这种节奏通常用在一些可以激励听众的演讲当中，如工作动员、就职宣誓、施政声明等，感情色彩往往比较浓烈，震撼力较强。比如："为了在座的每一位更幸福的明天，为了公司更辉煌的未来，让我们撸起袖子加油干！"

· 柔和节奏。这种节奏一般用于社交演讲或教学演讲当中，感情色彩比较柔和，但又具有较强的渗透力。比如："我一直相信，你走过的地方一定会留下明媚的阳光，因为你就是太阳。"

· 紧凑节奏。这种节奏会营造一种紧张感，它最突出的特点就是语速快、停顿短，最常用的场景就是论辩。比如："我方坚定地认为，青少年使用手机利大于弊。原因有 3 点，第一……"

·舒缓节奏。如果是在一些正式、庄严的场合做演讲，那么舒缓的演讲节奏是非常合适的，如做工作报告、在新闻发表会上发言、在追悼会上致悼词等，这种节奏可以体现出含蓄、庄重、深沉的思想感情。比如："让我们怀着沉痛的心情，深切悼念 ×××先生……"

语句停顿与连续的变化

如果一场演讲结束后，有人对你说："你太能说了，讲一个小时竟然都不带停的！"你认为这是在夸你还是在讽刺你？我认为，你需要进行自我反思了。

"无停顿，不演讲"，语句停顿的变化，就是指在演讲时语句如车流通过红绿灯一样，绿灯亮，车行；红灯亮，车停。演讲也应该有这种停顿和连续。尤其是恰到好处的停顿让听众和演讲者在获得短暂休息的同时，也留给听众更多消化和思考的时间。"花半开最美，情留白最浓"，演讲亦如此。

停顿一般分为以下 4 种。

·语法停顿。即在一句话当中遵循语法关系的停顿，反映在书面语言中就是标点符号间的停顿。一般来说，语法停顿时间的长短与标点的类型有关，如句号、问号、叹号处的停顿时间就要比分号、冒号处长，分号、冒号处的停顿要比逗号处长，逗号处的停顿要比顿号处长。

·强调停顿。指为强调某个事物、某种思想，突出某一语意或某种感情，或显示某种关系等，在句中没有标点符号的地方停顿。强调停顿一般比语法停顿时间略长，而且需要配合重音使用。比如，当问题不同时，"晨琛老师早上八点的飞机回北京"这个句子的重音也会不同。句子的分析如下。

晨琛老师　早上八点　的　飞机　回　北京。

↓　　　　↓　　　　↓　　　　↓

谁　　什么时候　　怎么　　回哪儿

请根据"谁、什么时候、怎么、回哪儿"等不同的问题，把相应回答的重音标注出来。你看，同样一句话，回答不同的问题，重音也发生了改变。

·情感停顿。即以演讲者与听众的心理活动或情感变化为依据而进行的一种停顿。比如为激发听众的好奇心、集中听众的注意力等所做的停顿，可调节现场气氛。

·换气停顿。有些句子过长或容量过大，一口气说下来有难度，便可稍做停顿。但这种停顿必须恰当，因为一句话中你停顿的位置不同，往往表达的意思也可能不同。

情绪悲喜的变化

这一点应该很好理解，在演讲的过程中，你需要根据演讲的内容适当调节自己声音中的情绪。如果你所演讲的内容是喜庆的，比如新年致辞，那么你演讲时的情绪应该是欢快、愉悦的。

相反，如果你要在庄严、肃穆甚至悲伤的场景中演讲，那么你的情绪也应当是严肃或悲痛的，这样才能更好地与听众形成共情。

总而言之，演讲不是一场日常的对话，要想吸引听众，不仅需要你讲得精彩，还需要你"演"得精彩。声音多变而充满张力，语气起伏而富有变化，这样的演讲才更容易"抓住"听众那挑剔的耳朵。

王老师敲黑板

演讲过程中的停顿时间不要太长，若停顿时间过长，就可能会令场面失控。此时如果你没有强大的控场能力，反而会弄巧成拙。

3.6 "海大鱼"语言模式

传达情绪非常好的一种方式就是让对方的情绪产生波动，所以我们要制造意外、引发好奇，让演讲处于一种未完成状态，我将其称为"海大鱼"语言模式！

战国时期，齐国有个公子叫田婴，准备在自己的封地筑城。但这属于私人武装，很容易引起齐国国君的猜疑。田婴身边的门客纷纷劝阻，最后田婴说："谁再来说这件事，我就杀了谁！"

此时，一位说客说："公子，关于筑城，我只讲三个字，多说一个字，你就杀了我。"这就是我们所讲的"制造意外"。

公子一听，心想：三个字就能说服我，怎么可能？好，我倒是要听听你想说什么。

于是，接下来就是"引发好奇"。说客走上前说了三个字——"海大鱼"，说完扭头就要走。这下，轮到公子不干了！

追问之下，说客依旧不答，"鄙臣不敢以死为戏"。公子只好反过来安抚说客，让他但说无妨。你看，当你让演讲处于未完成状态时，你的情绪传达就到位了。

这样，说客从原本只说三个字的机会，赢得了时间去表达。这个时候就可以"回应主题"了。说客说:"齐国就是你的大海,而你就是海里的大鱼。但如果封地筑城引起齐王的怀疑,他不再庇佑你,那你就会像大鱼一样搁浅在沙滩上,到时候,城墙筑得再高,又能挡得住谁呢?"

打那以后,筑城这事田婴就再也不提了。正所谓"一言可以兴邦,一言也可以误国"。

总结一下,通过"海大鱼"语言模式传达情绪,可以让对方的情绪产生波动:先制造意外,再引发好奇,让演讲处于一种未完成状态。

3.7 瞬间说服的秘密

传达情绪的最高手段就是瞬间说服。

我们总是会遇到彼此意见不同的时候，这时候，如何瞬间说服他人、影响他人，让他人心服口服地站到自己的队伍当中来，从而快速高效地达成一致、共同前进呢？我在这里介绍 3 个法则来解决这个问题。

接"三线"法则

春秋时期，齐国和鲁国的国君举办了一次"高峰论坛"。表面上是高端的文雅对话，背地里却另有他意！齐国国君齐景公和当地"土著部落"联手，要趁这次开会劫持鲁国国君鲁定公。结果，座上大名鼎鼎的孔子一边掩护鲁国国君撤退，一面说服齐景公，短短几句话，齐景公马上就罢手了。孔子到底是如何说服的呢？

孔子列举了 3 个原因："于神为不祥，于德为愆义，于民为失礼。"意思就是在神灵上天看来，你这叫不吉利；在道德上，你这叫不仗义；在民间习俗上，你这叫不讲礼仪。

这个历史场景中，孔子是从哪些角度来说服齐景公的呢？我称之为接"三线"。

·接"天线"：即从目标、使命、愿景等角度来说服——对应信念。

·接"地线"：即从最低的底线——道德规范角度来说服——对应情感。

·接"人线"：即从人际交往、礼仪规范、钱权名利等角度来说服——对应利益。

"事实＋指令"法则

在使用"事实＋指令"法则时，我们可以借鉴催眠治疗师的话术。

当来访者在椅子上坐定后，催眠治疗师开始催眠引导，如表 3-2 所示。

表 3-2 催眠治疗师语言及来访者状态

治疗师语言	来访者状态
好，你坐在椅子上，请闭上眼睛……	闭上眼睛
很好，你闭着眼睛，把注意力放到自己的呼吸上……	关注自己的呼吸
很好，随着呼吸你的身体越来越放松……	身体放松

你注意到了吗，当前半句描述的是事实时，来访者的潜意识里就会认同催眠师的话，因此就会很容易同时认同后半句的指令。依此类推，来访者对催眠师的认同就会逐步加深。这就是"事实＋指令"法则。

如果让你把"事实＋指令"法则运用于演讲，你会怎么做呢？

下面这个例子，是我有一次在主持企业家资源整合相关论坛时的开场，其中对催眠治疗师"事实＋指令"的话术进行了变形使用。

在座的各位企业家朋友们，我们来自五湖四海，我们从事着不同行业（事实），但我们都有一个共同的目标，那就是持续把企业做强大，为更多的人服务，为社会提供价值！认同的朋友掌声响起来（隐晦指令，通过动作加深认同）！目前中国中小企业的平均寿命还不长（事实），企业单打独斗的日子早已经结束，我们需要"抱团取暖"，我们需要在更大的平台中避险（指令），大家同意吗？

"让对方说不"的法则

一般来说，我们在跟对方沟通时，总是习惯先说他认可的话，让对方多说"是"，然后再把对方引导到对我们有利的局面上。这样做的依据就是先获得对方的认可后，对方在心理上会更加接纳你，你说的话对方也更容易听进去。

但是，这种说服方法并不是每次都有效，在一些场合中也会失败。比如，公司里的一位员工想跳槽，而主管很想留住这个员工，那么他在和员工沟通时，如果采用以下的对话方式，效果可能就不太理想。

主管："小李，我发现你最近工作积极性不太高啊，听说你对现在的薪资不太满意？"

小李："是的，有点儿。"

主管："你的薪资在咱们部门中还是不低的，提成也很可观啊！"

小李："是的，还算可以吧。"

主管："那么你不满意的是什么呢？是觉得自己还有更大的发展空间吗？"

小李："是这样的，我的朋友也认为我可以获得一份薪资更高的工作。"

主管："你的能力确实是有目共睹的，如果我是你，可能也会这么想，可是咱们公司的实力、规模、企业文化等显然不是外面的那些小公司可比的，从长远来看，我相信这些无形的财富比你暂时提高薪资水平更重要。"

小李："是的，我很喜欢公司的氛围，但我更希望自己的能力可以获得相应的认可。"

显然，这样的说服是不成功的，虽然主管一直在引导员工说"是"，也积极引导员工向公司更有价值的方向看，但却没有得到员工对自己提议的肯定。

相反，如果这位主管反其道而行之，引导对方说"不"，效果可能就完全不同了。

主管："小李，听大家说你最近都很忙啊？"

小李："这段时间好多了，没有之前那么忙了。"

主管："听说外面有公司在联系你，你计划跳槽很久了？"

小李："没有没有，只是我朋友建议我换一份工作。"

主管："你在公司受到的评价一直都很高，更是咱们部门的核心人物，你真的打算辞职？"

小李："说实话，其实我还没下定决心呢！"

主管："你觉得我们公司的待遇比较差吗？"

小李："不是，我在我们部门拿到的薪资一直都还可以。"

主管："那么，你的朋友有更好的门路推荐给你吗？"

小李："没有，他也就提了下建议而已，其实我也不太确定以我现在的能力是不是真能获得一份薪资更高的工作。"

主管："好的，如果你有其他想法或要求，及时跟我沟通，我肯定会积极维护自己部门员工的权益的。"

在这段沟通中，主管始终在让小李做出否定性回答，直到他一直做出的否定性回答推翻了朋友给他的跳槽建议。所以，即使他之前动过跳槽的念头，现在可能也打消了。

你会发现，一位更高明的沟通者会引导对方不断说"不"，而不是让对方说"是"，由此达到瞬间说服对方的效果。你或许会好奇，为什么会这样？因为对方在说"不"的时候，他的主动性和控制欲会得到极大的满足，并且会因此而产生一定的安全感和放松感，这样他的回答也最真实，你的目的也更容易达到。

不过，在演讲中，针对非特定场景和人群，我还是建议你多问对听众回答"是"的问题。

相信用好了以上 3 个法则，你的情绪将会快速地传达给听众，听众会不知不觉地产生和你相同的情绪。最后，我还想特别强调的是，作为情绪传达最高手段的瞬间说服只是一种工具，不管采用何种工具，我们最终的目的一定是对他人有利的。

王老师敲黑板

其他增强说服力的法则。

· 用提问代替陈述。

· 多作对比。

· 让听众参与互动。

· 多引用事实、数据、权威。

· 说明好处和坏处。

· 借助第三方见证。

· 说到"三"时用"OK"手势。

第四章　吸睛绝技

——从头到尾都抓魂

听众身上是有一层"壳"的，在演讲时，你可以击碎它，也可以融化它，但无论如何不能让这层"壳"留在听众身上。当你击碎这层"壳"后，听众便会彻底被你的演讲抓住了"命脉"。而这一吸睛绝技，就是适时地与听众互动、掌控全场，以及自如地使用道具和PPT配合你的演讲。

4.1 如何互动 1——巧妙"动手"，掌控人心成高手

人集中注意力的时间十分短暂，如果你在台上演讲的时间稍长一些，比如超过了20分钟，那么台下可能就会出现一大批的"三把锁"听众，即眉头紧锁、双臂紧锁、双脚紧锁。这些态势语言就意味着，你此刻的演讲已经让台下听众产生了反感。

有些演讲者一发现台下有"三把锁"听众，自信心就会受到打击："大家都不想听了，我要尽快结束演讲！"而事实上，作为一个成功的演讲者，你要主动去改变听众对你的态度。

演讲本身就是一种互动性很强的活动，没有互动的演讲，就是你一个人在台上的"独角戏"，哪怕你讲得天花乱坠，也难以点燃台下听众的热情。

互动，简言之就是台上的人动，台下的人也动。台上的人使台下人的动，台下的人使台上的人动。"动"可以理解为"脑动""行动"和"心动"。

我们来看看演讲高手是如何与听众互动的。

2009年2月，比尔·盖茨参加了TED演讲。当时，他要讲的主题是如何解决全球范围内的贫困和儿童死亡等重大问题。但盖茨很

清楚，仅凭借自己的力量是难以完成这个艰巨的任务的，所以他想让大众也参与其中。

那么，怎样才能说服台下的听众，让他们真正能够"动心"，并加入这个任务呢？

盖茨是这样做的。他把一个玻璃罐带到了台上，为了阐明观点，他在演讲时打开了这个玻璃罐，并且对下面的听众说："马来热是通过蚊子传播的。我今天也带来了一些蚊子来，让它们在会场上转转，这样你们就能体会一下被蚊子叮咬的滋味。只有穷人被蚊子叮咬是不公平的。"

盖茨在台上的这一行为效果如何呢？

据美国全国广播公司（National Broadcasting Company, NBC）报道，当时台下的听众几乎"惊掉了下巴"！

盖茨设计的这个环节其实就是与听众的一种互动，既吸引了听众的注意力，又彻底俘获了听众的心，并使听众愿意依据其所讲展开行动。

我们在演讲时，可能不需要像盖茨那样去放蚊子，但互动却是必不可少的。要想与听众形成良好的互动，让演讲现场的气氛热烈起来，首先你就必须得让听众"行动"，让他们"动起手来"！

怎么"动起手来"呢？这里有两个"法宝"跟你分享。

法宝一：让听众鼓掌

鼓掌是人类发明的最具有震撼力的肢体语言之一，是人与人之间友爱的传递，也是心与心之间有声的交流。在演讲过程中，鼓掌是最不可或缺的一种互动方式。因此，让听众"动手"的第一个法宝就是让听众鼓掌。

听众在什么情况下才肯鼓掌呢？我也总结了3个让听众鼓掌的有效方法，分别为动作法、语音法和语言法。

（1）动作法

在演讲过程中，我们不可避免地要运用一些动作，而这些动作的运用就可以为自己赢来掌声，从而激发听众的热情，与听众形成很好的互动。其中，最容易赢得听众掌声的动作有3个，分别为鞠躬、手上扬和手定住。当然，在运用这些肢体动作时，也要与相应的语言配合。

比如，鞠躬时常用的语言如下。

"让我们向那些可爱可敬的战士们深深地鞠躬，大家辛苦了！"（鞠躬）

"让我们向我们的老师们鞠上一躬，表示最真挚的感谢！"（鞠躬）

……………

这些时候的鞠躬，都可以赢来听众的掌声，同时也可以很好地调动听众的情绪。

你应该对安东尼·罗宾不陌生，这位被称为世界潜能激励大师、世界成功导师的人，更是一名成功的演说家。每次演讲时，都有相应的手势配合着他那积极向上、极其鼓舞人心的语言。而每每说到精彩之处，他的手就会上扬，进而调动听众的情绪，令听众热血沸腾，掌声也常常持续不断，因而与听众互动得非常成功。这种互动法就是动作法的第二个方法，即手上扬。

也就是说，当我们说到内容的精彩之处，或需要感动听众、调动发动听众的情绪时，便可上扬你的手，引导听众的情绪随着你的动作而产生共鸣。这个时候，听众会不自觉地为你鼓掌。

此外，当说到重点或需要听众注意的地方，我们还可以通过手定住的方法来引起听众的共鸣，使听众从定住的手势中感受到力量、决心、勇气等，并搭配相应的语言，如下所示。

"我们必须咬紧牙关、不找借口、全力以赴地做一件事情，否则，我们终将一事无成！"

"只要肯努力，我们就一定会收获成功！"

…………

在分享上面的话语时，同时保持手在半空中停留片刻，直到听众掌声响起。

在辅导学员演讲时，我也常常建议他们在演讲结束时将手上扬并保持至少5秒，直到掌声响起。这个动作就是非常有效的引导听众鼓掌的动作。

（2）语音法

语音法是指通过演讲过程中语音、语调的变化来赢得掌声。如当我们讲得激情澎湃时，需要用上扬的语调来表达我们的情绪，同时也需要听众用掌声来与我们互动；当讲到重点内容或需要听众注意的地方时，可拖音以加重语气；如果是需要听众略微思考的重点、精彩内容，也可进行适当的停顿。如果你能将语音运用得很恰当，听众的掌声是少不了的，你和听众间的互动自然也会很成功。

比如："亲爱的各位同仁，早上好！"如果这句话没有停顿、重音、拖音和手势配合，就很难有掌声。现在稍微调整一下。

"亲爱的各位同仁，早上（停顿）好！（拖音、重音、配合上扬的双手）"——引导鼓掌。

在运用语音法时，最好能结合动作法一起使用，这样才会使演讲更有力度，更能引起听众的共鸣。

（3）语言法

语言法是赢得听众掌声，与听众形成良好互动的最有效的一种方法。我总结了一些常用的通过语言来使听众鼓掌的方法，如赞美鼓掌、激励鼓掌、入口鼓掌、借口鼓掌、幽默鼓掌等。

·赞美鼓掌：即通过赞美的方式让大家鼓掌，从人的本性来讲，人最喜欢给自己鼓掌，所以赞美一下你的听众，让他们为自己鼓掌。

"今天是周末，本来是休息时间，但在座的各位选择了学习，我非常感动！这就是精英和普通人的区别，来，掌声送给自己！"

·激励鼓掌：即通过激励的方式让大家鼓掌。

"今天我本来身体不太舒服，但听到大家那么热烈的掌声，我发现好多了，谢谢大家！你们都是我的免费药啊！大家的掌声越热烈，我好得越快！"

·入口鼓掌：也就是在某部分内容分享完即将进入下一部分内容时，让大家鼓掌。

"接下来的内容是压箱底的秘籍，至今还没有公布过，大家想要了解吗？大家的反应越热烈，我的分享越彻底，好不好？"

·借口鼓掌：随便找到一个理由，比如你看到的天气、环境、主办方、某个物品等，都可以作为让听众鼓掌的借口。

"北京已经连续7天都有霾了，但是今天我们一聚会，霾就散了！来，为这个特殊的时刻，掌声鼓励一下！"

·幽默鼓掌。

"台下的朋友们，请给我来点开水般的掌声！我需要沸腾！"

在实际使用的时候，演讲者可以将不同的方法进行搭配组合。

法宝二：让听众举手

在演讲中，让听众举手，其实就是引导听众参与到你的演讲中来，从而让现场的气氛既活跃又热烈。

那么，如何让听众举手呢？最常用的 3 种方法如下。

·问出处：比如给国际友人演讲时，我常常会在演讲前了解下听众。

晨琛来自中国，请问大家来自哪里？请来自澳大利亚的朋友举手示意我一下好吗？请来自美国的朋友举手示意我一下，谢谢！同样来自中国的朋友，请举手示意我一下好吗……"

·问继续：这种提问方式的目的就是要激发听众的兴趣，进而让你的演讲能够继续。

即兴表达秘籍共有 3 招，刚刚给大家分享了两招，想要我继续的请举手！

·问认同：即你先说出一个观点，然后邀请同意这个观点的人举手。注意，这些问题一定要是正面的、积极的、与演讲内容有关的。

想今天在现场认识到好朋友的请举手！
决心花点时间练口才的朋友请举手！

通过这3天的特训营，感觉收获很大的朋友，请举手认识一下！

今天想要认识更多朋友、伙伴的，请举手认识一下！

想要生活更加美好的朋友，请举手示意一下！

经常刷微信朋友圈的朋友，举一下你的手好吗？

…………

总之，让观众"动动手"，真正参与到你的演讲当中，要比你自顾自地在台上滔滔不绝地说上一个小时更有效。这样，台上台下打成一片，你与听众之间也会产生更多共鸣。

4.2 如何互动2——巧妙提问，调节现场好气氛

听众在听演讲时，身上是有一层"壳"的。作为演讲者，你可以击碎它，也可以融化它，但无论如何，不能让这层"壳"继续留在听众身上。击碎、融化得越彻底、越全面，就越能让"壳"下面的"鲜肉"完全袒露，你的演讲就越成功。

互动的本质是什么？互动的本质是让听众多"付出"一点，再多"付出"一点，一点点地把"壳"去掉，好的演讲都是演讲者与听众共同完成的。而要让听众多"付出"，一个有效的"大招"就是向听众提问。

说到提问，可能很多人觉得：这算什么"大招"？想起什么就问什么呗，反正只要听众回答了，就能产成互动。

如果你这么想，那就想得太简单了。当你向听众抛出一个问题时，首先你自己的心里必须有个答案，而这个答案还必须能让你的演讲可以继续下去。所以，大多数场景下，你需要注意下面几个问题。

问题的答案尽量统一

面对台下成千上万的听众，有的演讲者会在演讲时问大家："感觉怎么样？"

你猜想一下，现场会怎样？乱啊！毕竟一万个读者心中有一万个哈姆雷特！当听众的回答五花八门时，场面就乱了，下面的演讲也将受影响。这样问问题，等于是在搬石头砸自己的脚！

所以，你提出的问题最好能有统一的答案，比如：

"大家感觉好不好？"

"大家觉得精彩不精彩？"

"是不是这样？"

这样的问题，答案一般比较明确，听众的回答就能够统一了，这样，场面就控制住了。

问题的答案要简单直接

只有你的问题容易回答，不需要复杂的思考，听众才有想要回答的冲动和欲望。所以，你提出的问题的答案最好就只有几个字，且一个字的答案气场更足。比如，答案可以是"好""是""对"等。因此，你的问题常常是"好不好""是不是""对不对"等。

问题一定要蕴含正能量

在夏天午后的一些活动中，我经常听到主持人在会前暖场："大家困不困？"结果很多时候，大部分听众都会条件反射般地脱口而出："困！"

你可以想一下，那些原本不困的人听到"困"这个字是不是也开始思考了："哎，大家都困，好像我也有点儿困！"

人们常常都会随大流，场面往往就因为提问不恰当而垮掉了。

因此，我常常会在下午的课程中这样开场："虽然是午后的课，但我看大家个个都精气神十足，等着展示。来，给自己一个热烈的掌声！"

这样一来，"高帽子"给听众一戴，原本感觉困的听众也不好意思表现出困意了，赶紧坐直了身子积极配合。这就是我经常提到的：语言的力量是巨大的，语言可以改变行为，语言可以改变他人，语言也可以改变气场。

在注意以上几个问题后，下面这些常用的提问方法，你就可以根据不同的演讲内容进行组合了。

（1）是不是？

如：大家来到这里，都是希望来解决问题的，是不是？（是）

聪明的人活在当下，我们最能把握的就是当下，是不是？（是）

（2）好不好？

如：在此祝福在座的每一位朋友，家庭更加幸福，事业更加成功，人生从此与众不同，好不好？（好）

（3）要不要？

如：朋友们，我们要不要把自己的演讲技术练得更好？（要）

要把演讲技术练好，我们要不要付出比别人多100倍的努力？（要）

（4）对不对？

如：人生没有一蹴而就，只有稳稳地走好每一步，最终才能成功，

大家说对不对？（对）

（5）想不想？

如：你想不想通过口才的提升，从而获得更幸福完满的人生？（想）

（6）有没有？

如：讲到这里，大家有没有一点儿收获？（有）

（7）同意不同意？

如：学演讲先要学做人，人做好了，你的演讲越厉害就越帮助人，大家同意不同意？（同意）

（8）第一种还是第二种？前者还是后者？

如：你是"想知道"还是"想做到"？第一种还是第二种？前者还是后者？

注意，像这种选择性的问题，演讲者是否可以控制听众说出哪种答案呢？当然可以！你只需在你想要听众回答的答案上加重语气、增加手势，同时尽量把那个选项往后放，就可以看到想要的答案。

（9）综合提问

比如，在线下"总裁演说智慧营"结营的时候，班主任常常会跟学员进行一个号召式的总结：

晨琛老师从一个不敢看男生的眼睛，只能通过数男生的脚来判断男生人数的小女孩，成长成为今天受邀到不同国家去演讲的十佳青年演讲家。

大家觉得她是运气多还是努力多，前者还是后者呢？（后者）努力改变了晨琛老师，也同样可以改变在座的你，大家说是不是？

（是）所以我们仅仅经过了两天的集训，今天回去以后要不要继续练习？（要）将同意的掌声送给我们自己！

以上的提问方式都是对所有的台下听众群体发问，除此之外，在演讲中我们还可以向个体发问。在这种场景下，提问的范围就大得多了，因为你不需要得到和其他人统一的答案，所问的问题也可以是"为什么、如何、怎样"等开放式问题。

当你向某个听众抛出这些问题时，就会让其他听众产生疑问，引领大家一同思考。如此一来，听众的好奇心和求知欲就会被调动起来，这样听众在情感上就已经参与到你的问题当中了。

说到这，有的演讲者可能会比较担忧："那万一我提问的听众不搭理我，或者答不上来，多尴尬啊！"这其实是很多演讲者的担忧，而化解这个担忧的秘诀之一就是尽量挑选面容友善且面带微笑的听众，最好是挑选跃跃欲试的听众来回答。不管他回答得对不对、好不好，答案不是最重要的，重要的是他为你"暖场"了。当然，我相信你会在本书后面的内容中找到更多的答案。

王老师敲黑板

除非是探讨会、辩论会性质的演讲，一般千万不要让听众回答的时间过长，因为你才是最主要的信息源。你提出问题并让听众回答，本身也是为你的演讲服务的。

除了让听众鼓掌、让听众举手、让听众回答问题等互动法以外，还有其他的互动方法，如表4-1所示。

表4-1 其他的互动方法

互动方法	举例
让听众补充完整	李白有首诗很有名，"白发三千丈，缘愁似个——"（让听众补充）（听众："长——，不知明镜里，何处得秋霜。"）注意：在使用这个互动方法时，要确定你要讲的内容是大家都了解的，并且在需要大家补充的地方，声音要上扬、加重、拖音，表情要协调
让听众一起回忆、总结	朋友们，刚刚给大家分享了保持心情愉悦的三大秘籍，我们一起回忆一下，第一个是——（听众："感恩"），第二个是——（听众："倾听"），第三个是——（听众："不找借口"），很好，那么接下来讲第四个秘籍
让听众一起说	亲爱的朋友们，大家好吗？（听众：好）光一个好还不够，我们一起说"好，很好，非常好！"（听众："好，很好，非常好！"）
让听众一起做	现在，请朋友们伸出右手，我们一起来写"赢"这个字好吗？（听众：好）请问大家，"赢"字由哪些字组成？（听众：亡、口、月、贝、凡）"月"代表的意思是什么？……
让听众分组讨论、竞赛等	好，听完我分享的《好演讲好未来》，现在各组马上写下本组的《学演讲计划书》和《奖惩誓言》，好不好？（听众：好）非常好，那接下来我要看看哪一组是最快完成的！最快完成的小组加5分

4.3 巧解演讲中的主观失误

主观失误一：忘词

主观失误一般是由演讲者本身造成的，最常见的主观失误之一就是忘词，即讲着讲着忽然"断片儿"了，大脑一片空白。这也是较糟糕的一种状况。对于站在舞台上的人来说，不管你是著名的演讲"大师"，还是主持人、歌手，甚至是某些领导，在演讲时都有可能出现忘词的状况。

那么，面对忘词，我们到底该怎么办呢？我总结了"忘词应对秘籍"，如图 4-1 所示。

图 4-1 忘词秘籍

（1）慢速：放慢语速，平复心情

如果发现你接下来要讲的内容忘记了，那就马上放慢语速，一来为回忆内容赢得时间，二来可以平复紧张的心情。如果在放慢语速的情况下，句子说完了，还是没能想起下句，那么可以参考其他几种方法。

（2）过渡：转换情绪，赢得时间

比如，你可以使用承上启下的过渡句来进行转换，"刚刚我提到了……那么接下来的内容是什么呢？大家期待吗？"或者，"刚才我讲了4个层面，接下来我会从一个新层面来进行剖析"。

（3）新资：加新资讯，尽快回忆

立刻加入与演讲内容有关的新金句、段子，甚至可以是笑话、新闻、故事等，利用这短暂的时间来回忆下面要讲的内容。

如："说到这里，我忽然想到，前几天……"

（4）重复：再次重复，加深印象

讲到一半忘词了，我们也可以加重语气，把最后一句话再重复一遍，这样不仅赢得了回忆后面内容的时间，还能引起听众对上面演讲内容的重视。

如："这是唯一的解决方法吗？"下一句忘了，就可以再重复一遍："这真的是唯一的解决方法吗？"

（5）总结：回顾前文，引出后文

忘词时，也可以对前面的内容做个总结回顾，帮自己争取时间，以回忆接下来要讲的内容。

如："朋友们，在讲解下一部分内容前，我们先回顾一下刚才提到的两点内容，这两点分别是……"

（6）强调：深化重点，引起重视

强调与重复相似，但也有所不同。强调可以是强调前面所讲的某些重要的内容，你再强调一遍，既能增强听众的记忆，又能为自己赢得时间。

如："在此我还要再强调一下，这部分很重要，我们要高度重视……"

（7）互动：观众参与，巧解尴尬

我们之前讲过互动的方法，比如我们可以通过请听众鼓掌、举手、回答问题、一起说、一起做、一起活动等与听众进行互动。

当你不知道接下来该讲什么时，就把话筒交给听众。据说周华健、周杰伦和陈奕迅3人在演唱时都常常忘词。而他们在演唱时，一旦忘词，就会把话筒指向观众，让观众参与进来，"掩饰"自己忘词的尴尬。

你可以学习他们，在演讲忘词的时候问听众："台下的朋友有没有过我刚才说的那样的经历？"

你也可以继续使用举手互动法，"如果有的话，请您举手示意一下……"

你还可以追加一个鼓掌互动，争取更多的回忆时间，如："感谢我们心心相印的朋友，把热情的掌声送给我们共同的经历！"

你学会了吗？"忘词"这样的坏事，演讲高手依然可以把它包装成好事。

（8）忽略：置之不理，继续演讲

演讲是有节奏的，中间可以出现适当的停顿，这并不会影响演讲的整体效果。但如果你停顿的时间过长，台下的听众就会发现你忘词了，这时整个场面就会很尴尬，听众也会走神或变得不耐烦。

应对这个状况，最没有技巧的技巧就是直接忽略，从记得的部分讲起。因为很多时候，我们忘词仅仅是忘记后面一小部分的内容，比如下一句或下一小段，但不会忘记全部内容。这时，直接从你记得最清楚的那一段讲起，并不会太影响演讲的整体效果。如果后面想起来了，觉得有必要的话，再补充进来即可。我们还可以用"值得一提的是""还要强调的是"等句子作为铺垫。如图 4-2 所示。

图 4-2　追加话术

主观失误二：讲错

主观失误还有一种比较尴尬的状况，就是在演讲中讲错内容。这时怎么办呢？我总结了几条应对措施，如表 4-2 所示。

表 4-2　演讲出错等级及应对措施

出错等级	应对措施
小错误	如说错个别字句，无伤大雅，可直接忽略，不解释、不道歉
大错误	如说错了某个重要人名、某个重要数据等，可再重复一遍正确的内容，不解释、不道歉

你可能比较好奇,为什么不解释、不道歉呢?这样做不是不真诚、不担责吗?其实不解释、不道歉主要是为了演讲的整体效果。因为解释道歉后,反而会扩大错误,会有些本来没有注意到错误的听众也注意到了。

我的一位学员在集团周年庆典的盛大场合中,由于太激动,结果身为董事长的他把"8周年"错说成了"5周年",只好连说几次"对不起,太激动了",搞得现场多少有些尴尬。事后,他咨询我:"王老师,如果再来一遍,我该如何圆场呢?"

沟通后,我的建议是这样的:

"我们X集团一路走来,经历了5个年头(其实是8年)……这第5个年头是一个时间节点,前5年可以说是艰难大于平坦,但我们X大家庭的所有成员都没有放弃自己的希望,一步一个脚印踏踏实实地走,硬是踏出了一条属于自己的平坦大道。尤其是最近这3年,我相信大家有目共睹。我们X集团成立到今天已经有8年……"

某年春节联欢晚会,成龙客串主持,把《最好的夜晚》说成了《最后的夜晚》,遭到很多媒体批评。其实,在当时的场景下,我们是否也可以对他多一点儿宽容呢?他毕竟来自中国香港,也不是专业的主持人。如果你是他的搭档,该如何救场呢?

思路:从意思上进行化解。例如:"成龙大哥,你今天是不是还惦记着年三十的团圆饭没吃呢?对今年的最后一晚那么恋恋不舍呢?(调侃)其实啊,无论是今年最后一个夜晚,还是马年第一个

夜晚，关键啊，是过得好！（自然过渡）下面让我们一起欣赏《最好的夜晚》！"（强调"好"字发音）

如果你能把错误包装得无影无踪，甚至让听众觉得你是故意这样设计的，恭喜你，你的语言表达艺术就上升了一个层次！

演讲中说错了怎么办？如果不满足于"重复一遍正确的方式"来解决的朋友，别急，晨琛老师把曾经在演讲、主持实战中踩过的坑都提前为你踏平了，我为高标准的你总结了以下 5 种巧妙的化解方法。

·语音法，即通过谐音或近似音的方式化解。

·语意法，即通过意思解释化解。

·评述法，即通过评论化解，比如："这样的说法只是少数人的观点，当然是大错特错的！"

·反问法，即通过反问的方式化解。比如："这种说法怎么可能成立呢？"

·二选一法，即通过两个不同的选项进行化解。比如："如果这种说法是选项一的话，当然还有选项二……"

王老师敲黑板

· 小错误，将错就错，切记不要改错。

· 大错误，重复一遍正确内容。

· 对于演讲高手来说，出错的时候也是出彩的时机。

4.4 巧解演讲中的客观意外

演讲中的客观意外比较多，主要包括以下几种情况。

· 活动取消。

· 听众离场。

· 程序发生变化。

· 听众人数比预期少很多。

· 演讲者本人迟到。

· 观众缺乏兴趣，窃窃私语，打瞌睡。

· 有人突然走进来，分散大家的注意力。

· 发生冲突或有人故意挑衅。

· 露天演讲，天气变化。

…………

程序发生变化

2015年《我是歌手》的总决赛中，选手孙楠突然宣布自己退出比赛，这在当时是出乎所有人意料的！而作为这场比赛的主持人汪涵，面对这么突然的一个意外，在经过几乎一瞬间的思考后，立刻展现出了一名优秀主持人的控场能力。

在与孙楠本人进行确认后，汪涵将目光转向观众，说道："既然我是这个节目的主持人，那接下来，就由我来掌控一下……接下来，我说的这段话，可能只代表我个人的观点，而不代表湖南卫视的立场。

"我21岁进入湖南广电，所以我觉得我的很多优点、缺点似乎都打上了湖南广电的很多烙印，包括所谓没事不惹事，事儿来了也不要怕事。

"对于一个节目主持人来说，在这么一场大型直播现场当中，一个顶尖级的歌手，突然间宣布退出接下来的比赛，我想我应该是摊上事儿了，甚至摊上大事儿了。

"但说实话，我的内心一点都不害怕，因为一个成功的节目有两个密不可分的主体，除了这个舞台上的7位歌手之外，还有电视机前的亿万观众和现场的观众，我之所以不害怕，是因为你们，还真诚地、踏踏实实地坐在我的面前，我还可以从各位期待的眼神当中读到你们对接下来每一位要上场的歌手，他们即将要演唱的歌曲的那一份期许，我甚至还可以从各位的姿态当中，感受到你们内心的那种力量……"

晨琛老师来和你一起分析一下汪涵语言技巧中的几个关键点。

·确认——确认孙楠的退赛是本人意愿，而不是其他意外原因导致。

·预防——说明只代表个人观点，以防后患。

· 赞美——通过描述观众"踏踏实实地坐在我的面前",稳定观众的心,以免有人因为孙楠退赛而离场。

· 描述——描述事实,介绍个人经历,赢得思考时间。

· 情绪——展示内心世界,快速拉近彼此距离。

· 鼓掌——引发观众鼓掌,重新暖场。

· 系统——不仅关注当下,还关注后续工作,比如让工作人员提前准备好插播的广告。

· 真诚——所有的技巧背后都以"真诚"为底色。

演讲者本人迟到

多年前,我去给一群军人分享《礼仪之美》。原定演讲在上午9点30分开始,结果我们11点25分才到!分享礼仪的演讲者竟然迟到?!真是难办!

当时,主办方非常重视礼节,特地派送了一位司机来家里接我。但不巧的是,这位司机刚来北京,对路况不熟,再赶上那时智能手机还没有普及,也没有导航,结果我们绕错了路。

不管出于什么原因,迟到是很不应该的,尤其是一个分享礼仪的演讲者迟到,就更不应该了!我必须承担责任,那该怎么控场呢?

我站到讲台上,先给大家深深地鞠了一躬——注意这一鞠躬的时间要比平时稍长——然后抬起头缓缓地说:"耐心等待的各位学员,大家好!今天我在来这里的路上,突然接到孔子打来的电话。他对我说,晨琛,你知道吗,一个人要想品到美食,就必须控得了火候;

一个人要想看到美景，就必须登得了高山；一个人要想得到成功，就必须耐得了等候。今天你要去培训的这群学员是军人，是精英中的精英，他们必须经得住历练、耐得住等候，所以你今天必须迟到！这样吧，去之前你先来我这儿报个到吧！"

说完，我再次深深鞠躬，场下响起了热烈的掌声。当然，这只是我通过幽默的方式来转换大家的抵触情绪，但真诚的道歉还是必需的。接下来，我认真地给大家道歉："对不起，不管出于什么原因，作为一名分享礼仪的老师，我迟到了，就是不对的，再次向大家道歉！"当我说完这句话后，这群军人更加感受到了我的真诚！他们竟然全体起立给我鼓掌！后来，我的分享非常顺利，即便课程结束，他们的领导还经常跟我联系，还邀请我为他们写书，我感到非常荣幸。

据说，我编的这个应对迟到的段子后来还被很多学员转发传开了。当然，这只是迟到时使用的下下策，按时到场才能征服全场。

所以，如果迟到后只说"对不起"，本来等了那么久，听众的情绪已经很低落了，现在你的道歉只会引起听众更大的反感。听众心里憋着的"火"没发泄出来，谁还有心思再认真、冷静地听你接下来的演讲呢？

一起分析一下我临时想到的这段话。

·借助强大的后方——孔子说出我想说的话，听众从潜意识中不会抗拒。

· 首先阐明"美食与火候、美景与登山"之间大家容易接受的常识性关系，然后再阐明需要被大家接受的观点——"成功与等候"间的关系，这种"常识＋新观点"的方式也是瞬间说服的秘籍之一。

· 我赞美大家，大家开心接受，从而减少了因为我迟到而产生的敌意。同时，给听众戴上"精英中的精英"这顶"高帽子"，以免听众有不可控的发泄行为产生。

· 借助虚拟的假象打造幽默，拉近学员和演讲者之间的距离。

· 所有的技巧背后必须以"真诚"为底色。

不管是主持人主持节目，还是演讲者上台演讲，是否具有出色的控场能力应对客观意外，都将决定你的主持或演讲能否顺利进行。

观众缺乏兴趣、窃窃私语、打瞌睡

这个客观意外的发生有可能是演讲者本身的问题，但由于是以客观的形式呈现的，所以我把它归类到"客观意外"的模块中。我总结了以下 8 点，帮助你应对这个客观意外。

· 提前立下规矩。

· 声音变小。这样，那些交头接耳、说悄悄话的听众就会注意到你在台上的变化。同时，由于你的声音变小了，他们的声音自然就显得大了，就会感到不好意思，进而安静下来。

· 一起活动。对于现场有人打瞌睡，可以请大家一起活动，最好让集体起立。

·让现场响起掌声，从而叫醒睡着的听众。

·现场抽奖、玩游戏、抢红包等。

·分组讨论。

·向对方提问。

·幽默以对。比如说："看来我今天分享的内容很有魔性，让大家直接进入了'异域'空间！"

听众人数比预期少很多

精心准备了一场演讲，但由于各种原因，到场的听众很少，如何处理这种情况呢？我们先看看演讲高手是怎么处理这种尴尬的。

有一次，美国钢琴家波奇在密歇根州的弗林特城演奏时，他发现现场的听众很少，还不到半数。他感到很失望，但依然从容地走到舞台前面，说："你们弗林特城的人一定很有钱，我看你们每个人都买了两个座位的票，真阔呀！"话刚落音，全场欢声雷动。

一个幽默不仅化解了听众少的尴尬，拉近了与听众的距离，还顺便夸赞了听众。

在私密的小型沙龙分享时，我常常改写刘禹锡的《陋室铭》作为开场白："山不在高，有仙则名。水不在深，有龙则灵。人不在多，有你就行！"

听众手机响、来回走动

听众手机响、来回走动，这无疑会打断你的演讲思路，还会分散台下其他听众的注意力。此时最恰当的就是用"提前预防＋幽默"的方法化解。

我的分享中几乎很少出现听众手机响或听众来回走动接电话的情况，因为在我上台之初会跟主持人沟通演讲时的相关守则。如果没有主持人，我就会这样说：

"来，各位朋友，请拿出你快乐的右手搭在旁边伙伴的肩膀上。如果没有'勾肩搭背'，我会误以为你人缘不好。现在，含情脉脉地看着对方，并面带微笑地对他说：'坐在你旁边很幸福，让我们互相监督，全力以赴。如果我的手机唱起了歌，我就把手机送——给——你！'如果我的双脚蒙圈了，怎么办？"

这时候，稍微有点领悟力的学生就会说："送——给——你！"于是大家心领神会，现场也常常会响起笑声。"双脚蒙圈"，当然指的就是来回随便走动、外出等。

当然，即使提前进行了约定，也难免会有意外发生。

有一次，我正在跟台下的听众分享我的课程，忽然一个人推门进来，坐到了后面的座位上，跟大家一起听我的课程。由于是中途进来的，这个人根本不知道我们的开场守则，所以当我在台上讲得正起劲时，这位听众的手机突然响了。他可能觉得有些不好意思接，就给挂了。可不一会儿，手机又响了！

演讲被打断了两次，其实是很影响听众和演讲者的状态的。于是我笑着说："看来，跟这位朋友一同前来的手机先生也非常认同我的观点，忍不住也要发表观点了啊！来，我们把热烈的掌声送给他！对了，我想知道，这位手机先生购买入场券了吗？"

大家听了，都笑了起来，后面便再没有响起手机的铃声。

我为什么要说"跟这位朋友一同前来的手机先生"呢？一方面，通过拟人的方式打造幽默，将听众拉回听讲状态；另一方面，我要把"手机"跟"让手机响起的主人"进行分割，给足这位听众面子。

另外，我让大家鼓掌，是为了趁机活跃气氛。我经常讲，那些语言艺术把控力强的人就喜欢出乱子，因为乱子越大，就越能显示出语言的无穷魅力。所以，"乱"出现的时候，正好是我们加分的时候。作为演讲者，你对待失控场景的心态尤其重要，要欢迎它而不是怕它。

最后，我还善意地提醒了对方："对了，我想知道，这位手机先生购买入场券了吗？"这句话表面是调侃，让听众的注意力从手机铃声响起这件事中转移，其实也暗含提醒，因为我们的演讲是正式场合，入场就需要遵循基本的礼仪。当然，这句话也可以选择不说，因为聪明人不需要说就已经明了我的意思。

如果有观众直接在现场接电话，那我们也可以用类似的话语提醒他。比如，"看来这位听众的朋友也很喜欢我的演讲，专门打电话过来询问演讲地点的吧？"一句幽默调侃的话，就可以很好地控场了。

听众离场

有一次，我参加一个高端的口才学习会，学习会本来计划在下午5点半结束，结果由于嘉宾拖延，快晚上8点时演讲还在继续。座位上的听众大多饿得前胸贴后背，看样子也没心思继续听演讲了。学习会现场到处都是人员来回地走动，还有一些听众正在离场。此刻，主办方急了，找到我临时救场。

发挥语言魅力的时刻到了！当务之急，首先，我们要留住正在离场的人；其次，要让大家愿意静下心来听完整场演讲；最后，要通过掌声换场聚气。为了达到以上3个目标，我是这样说的。

"此刻，正在行走的朋友们，你正迈开的步伐恰好在阻碍你未来的前行（挖痛）！学口才就3个字——"紧箍咒"！翻遍《西游记》原著，没有一个字解释它（通过悬念留下观众脚步）！晨琛老师用了10多年的时间在口才实践中才弄明白，今天只需要7分钟分享我的原创智慧（给好处）！主办方已经给大家预定了热盒饭，一会就送到会场！当然，留在最后的都是真朋友，主办方还给现场的每一位朋友准备了惊喜礼物（给好处）！其实，我此刻真的不应该再上台了，大家从下午1点半坚持到现在快8点了，已经饿得前胸贴后背了（帮他说话）！同时，我从大家渴求的眼神中读到，世界上有样东西比食物更能填饱肚子，那就是精神食粮，'大浪淘沙'后的各位，都拥有位于金字塔顶端少数的高贵灵魂啊！让我们为高贵的灵魂鼓掌（赞美鼓掌）！看到大家如此积极热情回应，我们决定：第一，主办方的付出一定大于你的付出；第二，只分享'干货'，不做任何宣传；第三，整个活动结束时间控制在 30 分钟内！（给出承诺）好，我要开始念'紧箍咒'了！"

　　在活动结束前，会场再也没有一位听众离开。

　　晨琛老师给你总结了面对听众离场的五大应对法则。

・挖痛给好。

・悬念留步。

・帮他说话。

・赞美鼓掌。

・给出承诺。

　　因为该场景是"有听众正在离场"，所以我们把"赞美鼓掌"法则放在后面使用。如果现场听众的配合度还不错，我建议也可以让大家尽量坐满前排以换场聚气。

发生冲突或有人故意挑衅

　　2010 年，某省领导到北京的一所著名高等院校参加一次演讲会。然而还没等他开讲，台下一位听众忽然走到台前，从口袋里掏出一叠五角钱人民币朝这位领导扔去，随后扬长而去。

后来，这位领导面对记者的提问是这样回答的："有媒体问我，会不会向扔钱给我的人'跨省追捕'。我说，有这个必要吗？我觉得这真是个好兆头呢！我一直清贫，好不容易才被钱砸一次，看来以后有财发了，哈哈。"

这种状况在国际上很常见，尤其是一些官员参加竞选演讲时，经常会被听众找碴、挑衅，但多数时候都能被受过训练的演讲者巧妙化解。

有人问，我反应没有那么快，也不懂什么幽默，有没有一个万能模板能够解决85%以上的冲突情景呢？

大学期间，我受邀主持一个打造民族品牌的活动，按照流程安排，我现场邀请了一位行业专家进行分享。这位行业专家一上台就冒火了："之前谁跟我沟通了？没有任何人跟我沟通就把我请上来了？你们懂礼仪吗？你们懂得什么叫'尊重'吗？"啪——！话筒被重重地扔到了地上。

噗通噗通噗通，我感觉我的心脏都快跳到了嗓子眼。现场安静得连一根针掉在地上都听得见。此刻，所有的压力全部压在了我一个人的身上。说实话，有那么一瞬间我的大脑蒙了，根据以往的经验，我一边强迫自己深呼吸一边思考解决办法。我知道，此刻最应该做的是马上让场子重新暖起来！判断一个现场是好还是不好有一个直观的依据，那就是看现场有没有响起热烈的掌声。所以，现场必须马上响起掌声！为谁鼓掌既能暖场又能彰显出主办方的大气呢？是为自己鼓掌、为主办方鼓掌、为听众鼓掌，还是为行业专家鼓掌呢？答案显然是为行业专家鼓掌，那么行业专家身上有哪些优点值得大家鼓掌呢？于是，我的第一句话有了：

"好——（注意这个"好"字要适当拖音，一定要气定神闲、气场十足地说出来），张总（为保护隐私，假定姓张），我欣赏您的坦诚和率直，来，在场的所有朋友把热烈的掌声送给他！"

注意，这里我用到了潜意识催眠。除了称呼，开口的第一句话一个字也不要改，你完全可以将其运用到其他尴尬场景的处理中。这句话的设计思路如下：

首先，一个"好"字定基调，气定神闲，显示主人公意识；当热烈的掌声响起时，暗含的意思是现场的听众还是听主办方的，绝大部分人还是跟主办方站在同一边；利用"朋友"这个词再次强化团队意识；同时，通过给行业专家"戴高帽"，既把行业专家的嘴"封"住，让他不好意思再提出异议，又显示出了主办方的大气；最后的一个"他"字，暗含"张总"是被孤立的一方。

如果第一步"赞美鼓掌"你做到了，你只是及格了，不至于让场面太尴尬。但如何达到主办方的目的，即"请行业专家上台分享"才是关键。一般来说，嘉宾生气下台后想让他再次上台是很难的，但我想挑战试试，于是第二步"帮他说话"来了。

"张总，对不起！（真诚道歉，缓解对方的不满情绪）首先，今天的确是我沟通不到位（个人勇于承担责任），给您带来了不便，再次跟您诚挚道歉！您说得很对！感谢您的建议（表达认同和感谢，为再次请上台做铺垫）。"

道完歉，安抚好张总的情绪之后，如何再次请他上台呢？这时进行第三步"给出理由"。

"张总，您知道吗，作为业界领军级人物，您的经验对指导打造民族品牌来说尤其宝贵（强调重要性）。其实，倾听您的分享，不仅是我个人、我们主办方的单方面期待，也是现场每一位企业家的共同心声，大家说是吗？（现场热烈回应："是！"）（发挥群体的力量）我相信有了您大度包容的精神（再次"戴高帽"），加上我们知错就改、谦虚谨慎的精神，我们一定能够强强联手，帮助民族品牌冲出中国、冲出亚洲、冲向世界（这里我用到了一个"背景靠山"，即强大的祖国，强调分享的意义关系国家），就像刚刚飞出去的话筒一样，一飞惊天、一飞惊人！（话筒被"扔"是负能量画面，必须使用"飞"这个正能量词语进行替换）

当我说完，现场立马沸腾了！当然，张总也在大家热烈的呼声中再次上台了，似乎这次不上台就说不过去了。语言可以彰显一个人的人格魅力，语言可以挽救一家公司的形象，语言还可以为祖国的建设添砖加瓦。此刻正在看书的你，让我们一起好好品读语言的力量吧。

解决85%以上冲突情景的万能模板就是这3步：赞美鼓掌、帮他说话、给出理由。你可以按照谐音"没帮你"来记忆："没"谐音是"美"，也就是"赞美鼓掌"；"帮"即"帮他说话"；"你"谐音是"理"，即"给出理由"。运用晨琛老师总结的这3步，你就能化危机为机遇。注意，越是高手越是欢迎难题，因为只有在这种情况下，才能显出高手的与众不同。

王老师敲黑板

1.化解尴尬的模板包含3步（"没帮你"法则）：

·赞美鼓掌；

·帮他说话；

·给出理由。

2.研究和实践语言艺术这些年，兜兜转转绕了很多路，我最终发现讲好话要把控好3个关键：

·思想，这一点最珍贵，思想需要演讲者拥有大量的阅历和对人性的把握；

·模板，在思想的指导下，对问题解决的步骤进行排序；

·话术，在模板之下，整理出具体的语言。

听众提出尴尬问题

一些演讲会设置听众提问的环节，目的是让演讲者与听众形成良好的互动，让演讲会的气氛更加热烈。这时候，你可能会遇到比较"刁钻"的听众，专门问一些让你尴尬的问题。这时该怎么控场呢？

其实，我本人就遇到过这样的情况，为了避免再次被这样的问题难住，我总结了几条应对技巧，如图4-3所示。

图4-3 应对尴尬问题的技巧

·时间紧张。如"这个问题要讲透需要一些时间，为了照顾大部分人的时间，欢迎会后单独交流。"

·反问引用。我们可以反问提问者或听众，比如"您觉得呢？""大家的看法呢？"同时，遇到不知道该如何应对的问题，可以借用他人之口，尽量避免发表个人看法。比如："这个问题，老子已经回答过了，他说……"

·侧面回答。如对方问你到底是对还是错，而你感觉怎么都有道理时，可以说："对错只是在一定时空点下的结论，时空点换了，结论就变了。所以没有绝对的对与错，对与错取决于当时的背景。"

·引申转化。有一次，一位学生问我："老师，你觉得自己成功吗？"如果我说成功，显得自大；如果说不成功，那你有什么资格在这里讲课？怎么办？这时可以对成功进行引申转化，赋予它一个自己的定义和解读。我说："每个人对成功的定义不同，能够帮助他人、提升他人，对我来说就是一种成功。我要感谢我的职业，教育工作者的身份让我有更多的机会去帮助他人、提升他人，在这个过程中，我很幸福。"

·展望未来。现在无法给出答案的问题，就让未来见证吧。比如："就让时间告诉你吧。""未来自己会说话。""相信听完我后半部分的演讲你会找到答案。"

·与之无关。如"这个问题与我们今天演讲的主题无关哦，考虑到大家的时间，如果有兴趣，欢迎会后讨论！"

王老师敲黑板

回答现场听众提问的总原则：

·心慈祥；

·先夸奖；

·找根源；

·给体面。

4.5　用道具打造氛围

　　一场成功的演讲，除了需要演讲者的个人魅力及所讲的满满"干货"外，还需要许多外在的辅助工具，比如演讲时的背景、灯光以及使用的器物等，这些都被称为"演讲道具"。

　　必要的时候，演讲者需要展示一些与演讲主题有关的道具，以提升演讲的效果。

　　2012 年，越野滑雪运动员詹宁·谢福得登上了 TED 的舞台，她的演讲主题是《身碎人不碎》。之所以演讲这样一个主题，是因为谢福得曾遭遇过一次意外。有一次，她在进行骑车训练时，不幸被一辆卡车撞倒，导致她的脖子和背部 6 处骨折，肋骨断裂 5 根，头部遭受重创。之后，她虽然从死神手里挣脱出来，但却因此结束了自己的运动生涯。

　　演讲开始时，她在舞台上放了 5 把椅子，每把椅子代表她遭遇意外后的一种人生。

　　第一把椅子（第一阶段）：当她讲述自己遭遇意外时，她坐在这把椅子上讲述。

　　第二把椅子（第二阶段）：当她讲述自己在医院的最初 10 天时，

她换到这把椅子上讲述。

第三把椅子（第三阶段）：当她讲述自己被转入脊髓损伤治疗病房时，她又换到第三把椅子上讲述。

第四把椅子（第四阶段）："6个月后，该回家了。"当她讲到这里时，她转过身，站到第四把椅子后面讲述，随后又坐到第四把椅子上继续讲述。

第五把椅子（第五阶段）：当她讲述自己开始学习飞行时，她坐在第五把椅子上，开始讲述自己学习飞行的艰难过程。

在最后的几分钟，谢福得从第五把椅子上起身，站立着讲述了她的新事业——特技飞行教练。

在这个演讲中，5把椅子就是道具，它们的作用就是增加演讲的形象性和生动性。这5把椅子被摆在一条斜线上，演讲者在演讲过程中不断地向下一把椅子移动，让听众有清晰的段落感。而到最后，她开始了新的选择、新的人生后，又从椅子上站起来，远离了椅子，表示自己完全摆脱了之前的生活。

通过道具的展示，听众们不仅对谢福得的演讲思路一目了然，还对她的人生起伏印象深刻，增加了演讲的说服力。

有人可能要问了："既然道具的作用这么大，那我是不是每次演讲都可以用道具？"并非如此，下面晨琛老师就跟你分享一下如何在演讲中使用道具。

演讲为主，道具为辅，切不可主次颠倒

演讲过程中，演讲者才是主角，而道具只是辅助你演讲的工具，帮助你将你的理念、观点等更加形象、直观地呈现给听众而已。如果搞错了这个关系，把道具当成了主角，上台就给大家展示你的演示文稿（PowerPoint，PPT）、照片，或者是你要推销的产品，却没有真正的"干货"分享给大家，你认为大家会认可你吗？

那么道具在什么时候出现才最恰当？是演讲的开头、演讲过程中还是演讲的结尾？出现时间没有统一的规定，你需要根据演讲的实际内容来认真规划。

我给清华学生上演讲课时，有一次开场，我突然从讲桌底下拿出一根树枝，大家一下子议论纷纷，气氛一下活跃了起来。还有一次课程结束时，我从讲桌上拿出一个卷轴，从上往下"呼哧"一声，卷轴自然打开，上面写了几个大字，为当场讲课结束时我要对同学们说的话。

有一次，著名教育家陶行知先生在武汉大学演讲。他上台后，并没有马上开口演讲，而是不慌不忙地从自己提的箱子里抓出了一只公鸡抱在手上，这让台下的听众一下子都惊呆了："老先生怎么还抱了一只鸡来演讲？""这到底是什么情况？"

但陶行知先生仍然没有开口解释，而是又从容地从箱子里抓了一把米放在桌子上，然后使劲儿地按住公鸡的头，强迫公鸡吃米，甚至还强行掰开公鸡的嘴，把米塞入它的嘴里。大公鸡吓坏了，拼

命地挣扎，哪里还敢啄米！

然后，陶行知先生松开手，把公鸡放在桌子上，自己向后退了几步。不一会儿，公鸡就自己在桌子上啄起米来了。

这时，陶行知先生才开口："我认为，教育就像喂鸡一样。老师强迫学生学习，把知识强行灌输给他，跟强行把米塞到公鸡嘴里有什么区别……"

现在，台下的听众才恍然大悟，随即爆发出雷鸣般的掌声。

陶行知先生的这个演讲就是将道具用在了开头，通过演示生活中常见的"喂鸡"现象，引出自己的演讲主题，可谓奇妙至极！

不过，不管你的道具如何精妙，它始终只是一种辅助工具，真正让演讲精彩的，仍然是你的演讲内容。你不能整场都在不停地展示你的道具，也不能让道具过多地吸走听众的注意力，而使观众忽略了你真正要传递的信息。当你的道具完成了它的"使命"后，我们就应该把它放到一边，然后努力将听众的注意力引导到自己身上。

使用道具时要注意什么呢？我总结了几句顺口溜分享给你：

· 确切描述要显著；

· 保持神秘勿先睹；

· 传递选时顾大局；

· 眼看听众不看物；

· 见好就收一眼福。

具体来说就是，我们选择的道具最好显著、足够大，特别是能让后排的听众看清楚；提前不要让大家看到，保持神秘感；在听众中间传递道具的时候要注意时机，不要顾此失彼，让大家忽视了你的演讲；眼睛始终多看听众而不是道具，以听众为中心；听众与道具互动的时间不要太长，使听众对演讲内容增加更多的期待。

王老师敲黑板

使用道具时，必要时可一边讲解一边为大家展示道具。把道具放到最佳位置后，注意不要站在遮挡听众视线的地方，而应站在道具的另一侧，并用离道具较近的胳膊指向它，或用铅笔、尺子或其他的指向物向听众介绍。用指向物是为了让你站在离道具较远一点的位置，以免挡住身旁听众的视线。

道具失控怎么办

在使用道具时，有时你的运气不好，可能就会赶上道具"撂挑子"。比如，投影仪突然黑屏了；想要在白板上写字时，突然发现白板笔没有墨了；实际操作道具的过程中出现了意外状况，如你要展示一个飞翔的小机器人，可机器人刚飞一半突然掉下来了……

任何一种突发情况都可能影响演讲效果，让你的演讲一时无法进行。但如果你有超强的救场能力，这点就难不住你。

在一次大型的颁奖典礼上，主办方用平板电脑来显示获奖人的名字。可就在一位嘉宾站在台上准备颁奖时，却发现自己手上的平板电脑死机了。

这时，主持人忙走过来，将自己手里写着获奖人名字的卡片递给颁奖嘉宾，并说道："我们有最高端的科技，也有最原始的手段。"从而及时化解了尴尬的场面，最终让颁奖典礼顺利进行。

相信经常演讲的人，都遇到过麦克风不发声、音响突然轰轰响、电脑突然坏掉等情况。在等待"救援"的同时，演讲者总不能傻乎乎地站在台上一言不发，像什么事也没有发生一样吧？这时，演讲者的挑战来了。演讲者怎样才能既化解尴尬，又为自己赢得掌声，拉近与听众的距离呢？

初夏的一天，我正在课堂上津津有味地给学生上课，突然"哐——"一声巨响，原来是教室头顶的灯掉了一半下来，差点砸到我的脑袋。我马上笑了，对同学们说："看来，连电灯先生也被我的课程迷倒了，非得下来占座不可。来，我们把热烈的掌声送给电灯先生！"

你理解我的思路了吗？首先，把这些道具比作一个有血有肉有想法的人，如比作听众或现场工作人员；其次，出现的不好状况，可以理解成它们在为演讲鼓掌、在表达思想、想发言、想凑热闹、被听众的热情镇住等；最后，请大家为此鼓掌，巧妙化解尴尬。

当然，最好的做法是防患于未然。虽然在任何一场演讲中，突发状况都是防不胜防，但为了将道具"砸场子"的概率降到最低，你需要在演讲前进行 200% 的准备，这样才能保证现场出状况的概率降到最低。所以，无论在哪里授课，我一般都会自带有课件的电脑、翻页笔等，所有课件都进行备份，同时我会要求主办方同样也准备一台电脑、一支翻页笔，这样在某一工具失灵的情况下，我还有备选。当然，我也会要求主办方准备多支白板笔、多个话筒电池等。

总之，在你准备实施 A 计划的同时，也需要同时准备一套 B 计划，一旦 A 计划无法实施，你也不用惊慌失措，直接启动 B 计划，即可将突发状况对演讲的影响降到最低。

4.6 用 PPT "引爆" 眼球

现在，很多演讲中都会用到 PPT。PPT 是一种视觉工具，如果运用得当，它会成为你演讲的好帮手。尤其是在做一些产品活动或项目推介时，只能用语言来描述你的产品或活动，听众看不到实物或实景，可能难以在脑海中形成具体的物象和画面，而 PPT 则可以完美地解决这个问题。

2008 年 8 月，乔布斯在全球开发者大会上进行了有关 iPhone 3G 的演讲。在演讲中，乔布斯就利用 PPT 很好地完成了产品的现场展示，如表 4-3 所示。

表 4-3　乔布斯的演讲与 PPT 展示情况

乔布斯的演讲内容	乔布斯的 PPT
"你们为什么需要 3G 网络？嗯，你们可以用它更快地下载数据。当你在使用浏览器或下载电子邮件附件时，需要更快的数据提高下载速度。"	两张带有图标的图片：一张代表互联网，一张代表电子邮件
"首先，看看浏览器吧……"	两部 iPhone 同时展示 EDGE 技术和 3G 技术对比
"和 Wi-Fi 作对比就更能显出其速度了——你能看到，3G 的速度其实和 Wi-Fi 已经差不多了……"	3G 版本花了 21 秒载入国家地理网站的主页，EDGE 上花了 59 秒

我们可以想象一下，如果让演讲者只用嘴巴去讲3G网络的优势，可能演讲者讲得口干舌燥，也不见得能让听众理解和信服，而乔布斯用了一个非常简短的PPT就解决了这个难题。

在为学员进行演讲培训时，我也会鼓励他们使用PPT，而且还会给他们留一些作业，要求他们用PPT来完成。但我发现，有不少学员的PPT真的只能用"糟糕"来形容！

那么，到底什么样的PPT才能"引爆"听众的眼球呢？在解决这个问题之前，我们先来看看大部分演讲者在制作和使用PPT时所犯的错误。

大部分演讲者制作和使用PPT时所犯的错误：

· 色彩凌乱、多而杂，没有逻辑和重点；

· 文字太小、太多；

· 无效图片使用过多；

· 滥用各种附加功能，如翻页变化、动画、音效等；

· 演示时只是照着读PPT上的文字。

这时，PPT不仅不能给你加分，反而会减分。如果是这样，倒不如不用PPT。了解了制作和使用PPT时常犯的错误，接下来就来了解应该怎样制作和使用PPT。

说到底，PPT只不过是一种辅助工具，要想将演讲中的观点表达出来，最重要的还是演讲者。明白了这个逻辑关系后，你在制作配合演讲使用的展示型（还有一种是阅读型，不需要配合讲解）PPT时，就要尽可能地遵循下面几条原则。

· 一页幻灯片中，要点不要超过5个，文字最好不超过8行。

·特定场合遵循"10—20—30"原则，即 10 张幻灯片，20 分钟讲完，字号不小于 30 号（这是由盖伊·川崎提出的，主要针对创业者获得风险投资时的演讲场景，并不适用于所有场景）。

·标题字号、一级文本字号、二级文本字号要区分清楚。

·幻灯片上的动画越少越好，否则容易让听众走神。

·大块颜色不超过 3 种，字体不超过 3 种。颜色搭配可采用同色系搭配、对比色搭配或黑白灰搭配。

·取舍顺序：视频大于图片，图片大于表格，表格大于文字。

·页面需要有一定的留白，要整齐、干净。

·使用好黄金分割点。

·选择的图片要清晰、干净，不带有其他无关标识。

总之，你只需要通过 PPT 传递几个关键信息，所谓"少而精，才动心"。

王老师敲黑板

在进行 PPT 演示时，尽量不要读 PPT 上的文字。这样一是会打断你的演讲思路，二是会让听众觉得你可能并不是很理解你所讲的内容，从而对你的演讲失去兴趣。

内容精练、有趣：吊足听众的胃口

我们先来看看锤子科技创始人罗永浩当时在"坚果 Pro 2"的发布会上是如何演示他的 PPT 的。

"坚果 Pro 2"发布会开场前，大屏幕上一直显示着一枚巨大的"药丸"，吊足了听众的胃口！

其实早在发布会召开之前，网上就已经出现了"药丸"的预告，大家都纷纷开玩笑说这是"锤子要完"。后来人们才知道，这颗"药丸"代表的是锤子 SmartisanOS 系统独到的创新功能：闪念胶囊。

因为有了前期的铺垫和发酵，所以在发布会召开时，"坚果 Pro 2"已经获得了很多赞誉。于是，在发布会开始时，罗永浩打开了他 PPT 的第一页，上面只有一行字："不难预测，这或许是老罗最卖座的产品。"罗永浩对此的解释是："这是 6 个月前媒体发出来的一些评论……"

接着，第二页 PPT 出现了，上面却只有一个字——"嗯……"

"嗯"，这到底是什么意思？听众的好奇心开始被调动起来了。

紧接着，幻灯片一翻——100 万部。全场欢呼起来……

但罗永浩却说："我国每年卖出的手机有 4 亿~5 亿部，而100 万部的销售量在这个行业中还没上牌桌呢……"

听罗永浩这么一说，听众的情绪一下变得失落了。

就在这时，他再次翻页，上面出现了两个字——"但是……"

随后，出来了这样一张幻灯片，上面写道："最初的 5 年，我们卖了约200万部手机。过去的6个月，我们卖了100万部手机……"

同时，罗永浩问听众："你们知道这意味着什么吗？"

听众再一次欢呼起来……

虽然诸多原因导致锤子科技遇到了经营方面的危机，但罗永浩的这段演讲还是值得肯定的。这个PPT中既没有各种花里胡哨的图片、数据，也没有大篇幅的文字说明，每页幻灯片上就只有简短的文字，再配合演讲者的演讲，便出色地制造了一种悬念，激起了听众的兴趣。

注意，PPT是给你的演讲加分的，是为了让演讲更形象、更直观、更有趣，所以在制作PPT时，一定要让你的PPT内容精练甚至是好玩。这样一来，你的演讲才能展示出最重要的特性，甚至在一些竞争中，能够抛开你与别人的差距。

PPT中的"声、像、图"：传递出演讲的精髓

一些人会在PPT里塞很多与主题不太关联的图片、视频、音频，我问为什么，对方说："好看！有视觉冲击！"

我们一直在强调，使用PPT的目的就是辅助你的演讲，它永远都是起辅助作用。如果你在里面加入太多跟主题无关的图片、动画、视频，听众的注意力就被你PPT里面的声、像、图吸引了，从而忽略了你演讲的内容。还有一种可能就是让听众觉得你的PPT缺少质

感，加入太多的图片、动画、视频，会使得 PPT 的内容乱七八糟。不论哪种结果，都不利于你的演讲继续进行。

你应该知道百度前 UE 总监在一次国际体验设计大会上的演讲吧？这次大会的主题是向社会推广体验创新价值的理念，提倡应用体验设计为企业和社会创造价值。然而百度前 UE 总监不仅上台时穿着过于随意，只穿着短袖短裤就上台了，更重要的是，他的演讲 PPT 也让人大跌眼镜！先不说 PPT 的整体布局和配色缺乏美感，里面使用的图片也被认为不得体！结果可想而知，这位总监的演讲内容和 PPT 不仅被指责不负责任，就连百度也受到了牵连。

根据演讲的主题，有些 PPT 中不可避免地要用到图片、动画、视频，但你要记住，你在台上不是为了向听众展示你在 PPT 方面的渊博知识。听众是来听你演讲的，不是来向你学习如何制作 PPT 的。所以，在 PPT 中加入声像图一定要遵循简洁、直观的原则，并且保证每一张图片、每一个动画或视频都与你的演讲有关，这样它们才能传递出你的演讲精髓。

当然，如果你认为直接在大屏幕上抛出一个观点会让听众觉得生硬，也可以加入一些元素，如数据表、场景图、实体图等进行衬托。

总之，PPT 的视觉影响力是非常大的，我曾经为了选一张最合适镶嵌在 PPT 中的图片花费了 45 分钟。制作 PPT 时要有工匠精神。

王老师敲黑板

·不要向听众展示你在 PPT 方面的渊博知识，听众是来听你演讲的。

·保证每一张图片、每一个动画或视频都与你的演讲要点有关。

·一定要遵循简洁、直观的原则。

第五章 场景实战
——每次演讲都是焦点

演讲的灵魂是要产生社会价值，演讲只是工具，是为了在现实的场景实战中运用，从而让我们的生活变得更美好。古今中外，那些口若悬河、能言善辩的演说家、雄辩家，都是凭借一次次精湛的演讲运筹帷幄、力挽狂澜的。如果你也想在人生中有所突破，那么就要让你的每一次实战演讲都出众。本篇中晨琛老师的亲身案例和原创模板一定能让你开口就能说，一说就聚焦！

5.1 自我介绍

自我介绍是演讲的基本功，也是在人的一生当中出现频率较高的一个场景，是必不可少的环节。自我介绍是向别人介绍你自己的一个重要方式，其反映的不仅仅是一个人的语言表述能力，一段好的自我介绍还能给自己一个清晰、准确的定位，帮助梳理过往，展望未来。最重要的是，进行一次好的自我介绍，能给你带来意想不到的结果。

数学有公式，物理有定律，化学有方程，演讲有工具。结合自己的演讲经历，我将自我介绍总结成为五角星自我介绍模板，即"好、心、名、人、祝"，如图 5-1 所示。

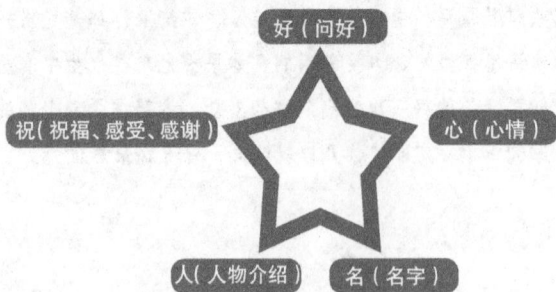

图 5-1 五角星自我介绍模板

"好"——问好：打开沟通的第一扇大门

问好是一种礼仪，是自我介绍的第一句话。问好要恰当、得体、贴切，更要针对具体的人、场合、时间做出具体的问候，这样才能既让听众听得舒服，又迅速把听众带入自己的演讲当中。

图 5-2 展示了 4 种不同的问好形式，你可以对比一下哪种更具感染力，更让听众乐于接受。如果你是一位听众，你对图 5-2 中的哪种问好形式印象最深刻？

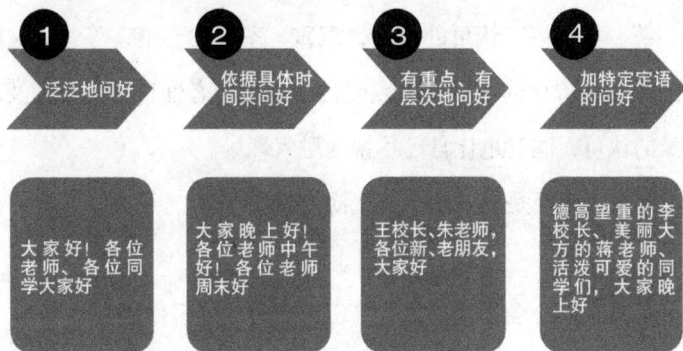

1	2	3	4
泛泛地问好	依据具体时间来问好	有重点、有层次地问好	加特定定语的问好
大家好！各位老师、各位同学大家好	大家晚上好！各位老师中午好！各位老师周末好	王校长、朱老师，各位新、老朋友，大家好	德高望重的李校长、美丽大方的蒋老师、活泼可爱的同学们，大家晚上好

图 5-2　4 种问好形式

王老师敲黑板

晨琛老师总结的称呼秘籍——"包糕点"：

· 包罗万象，一个不少；

· 从高到低，先说尊老；

· 赞美点赞，人人欢笑。

> "包糕点"秘籍中的"包"即包罗万象，一个不少；"糕"谐音"高"，即从高到低，先说尊老；"点"即赞美点赞，人人欢笑。

欢迎扫描本书封面勒口二维码，观看顺口溜配套的视频喔！

"心"——心情：表达情绪，展现魅力

在大多数当众讲话的场景中，发言者在开场都要表达一下自己的心情，如高兴、认可的心情，沉重、悲伤的心情，等等。这既表现出对现场听众的尊重，也表明自己真诚的态度和对主办者及现场人员的认可，同时也让自己尽快地融入现场。

比如，下面是一段职场竞选演讲开场。

辛苦工作的各位评委、奋战在一线的各位同仁：

大家上午好！

作为所有竞选者当中年龄最小的一位，在此演讲我略有忐忑。感谢大家对我的信赖与支持，我此刻非常激动……

"名"——名字：巧妙介绍，给人深刻的印象

你有没有这样的体验，昨天在会场刚认识了一位新朋友，今天在另一个会场又见面了！你激动万分，握手问候，刚要说："哎呀，太有缘了！又见面了！"结果对方先发言："您好！怎么称呼？"

为什么对方没有记住你的名字呢?

那么,我们该怎样介绍自己的名字,才能让对方一次就记住呢?

晨琛老师总结了下面几种方法,你不妨一试,如表5-1所示。

表5-1 自我介绍姓名的几种方法

方法	说明	案例
图像法	文字和图像,哪一种人类记忆更深刻呢?显然是图像!所以,我们要学会把名字转换成图像来介绍	夏雪:大家好,我是夏雪。请大家闭上眼睛想象一下,在炎炎的夏日里,忽然下起雪来,这就是我——夏雪。期待我的到来能给大家带来一丝丝清凉
词句法	即一个字组一个词,然后把它们连成一句话	李东火:我的名字就是此刻对大家的祝福,祝福各位老师在事业上,桃李满天下;在生活上,日出东方红似火
寓意法	解释名字中每个字的含义	丁榄:我姓"丁",甲乙丙丁的丁,我喜欢排后,把好位置让给他人;名"榄",橄榄的榄,寓意着和平。我的名字就是我做人的准则,多多谦让,让出和平
加字法	在名字中添加字,变成一个耳熟能详的词	高真武:大家好,我是高枕无忧的高真武,跟我做朋友,永远把忧愁甩在脑后
诗词法	通过藏字诗来介绍名字	王晨琛:大家好,我是王晨琛。晨光普照大地,琛玉孕育神奇。心气动容世人,王者身传正义。这就是我追求的品格
拆字法	把名字中的字,按照上下结构、左右结构等拆开来解释	贾:我姓贾,贾字上半部为西,下半部为北(贝),命运虽不可知,却暗示我与西字有关——陕西、西安,现在又受聘于西北大学。能到西大来,这是命运所致,是幸运所致。(贾平凹的自我介绍) 吴:我姓吴,口在上,天在下,有口才能走天下的吴

方法	说明	案例
颠倒法	把名字前后颠倒过来解释给大家听	王希：大家好！我是来自社科8班的王希。王希，反过来读就是希望。所以，我每天都带着充满希望的笑容面对学习，面对生活，面对人生。我更希望大家幸福平安，希望社会和谐安定，希望祖国繁荣富强
自嘲法	用自嘲的方式来解释自己的名字	宋可乐：大家好！我是宋可乐，喜欢可乐，我来送！ 郝琛：我是郝琛，虽然大家都叫我郝老师，但我的的确确还在成为"好老师"的路上，因为我常常"满堂灌"，让我的学生"吃撑"！所以我们班的胖子多，我也是其中一个
幽默法	在介绍名字时加入幽默的元素	郝：大家好，我这人运气比较好，不管老师当得好不好，大家都得管我叫"郝"老师，因为我姓"郝"
故事法	引入与自己名字相关的故事	王洪：我是王洪，我妈妈说，在我出生的那天，我的军人父亲正在抗洪一线救灾，为了传承父亲的精神，给我取名为王洪
押韵法	把自己的名字编成一段顺口溜	刘志刚：认识刘志刚，身体更健康 刘小美：认识刘小美，生活有大美
谐音法	用自己名字谐音的词语解释	邢云：认识邢云，天天幸运！
借名法	借助有名的人、事、物来介绍自己的名字	苏岳：我是苏岳，苏东坡的苏，岳飞的岳。我的名字集两大伟人于一身，就是因为父母希望我能继承他们的优良品质，能文能武

　　你可以在介绍自己名字的时候使用以上方法中的一种或多种，最好能让自己的名字跟自己的性格、爱好、职业、使命结合起来，再使用排比、拟人、对偶等修饰手法进行表达。在这里我分享一下我在一些大型演讲时，常用到的名字介绍法。

我是王晨琛。"王"是"王者风范"的"王",作为一名教师,我时刻要求自己具有王者风范,能够成为学生所效仿的榜样;"晨"是"晨光"的"晨",作为一名教师,我时刻要求自己像晨光一样,能够为学生带来温暖和希望;"琛"是"琛玉"的"琛",作为一名教师,我时刻要求自己能够像琛玉一样,倾我所有,为学生提供他们所需要的价值。这就是我——王晨琛。也许,从拥有名字的那一刻起,就预示着我一生的使命!这就是我,王晨琛,天生为教育而生!

最后,我想用两个案例来进行总结。

我们学校留学生参加一次演讲比赛的时候,开场白如下。

尊敬的各位老师们,亲爱的同学们:

大家好!

我是来自美国佛罗里达大学和清华大学代表队的华杰凯,中华的华,杰出的杰,凯歌的凯。我的名字是我的心愿,我的心愿就是祝福中华民族为人类的文明做出杰出的贡献,高唱文化和谐的凯歌,永远向前!

我参加一次会议时,有位分享者的开场是这样的。

大家好!

我叫赵森,赵是一个走字加一把 × 的赵,森是 3 个木头的木组成的森。感谢父母起的这个名字。很高兴跟大家分享。

大家从表 5-2 可以看出专业和非专业的区别了吧。

表 5-2 专业与非专业开场的区别

	华杰凯	赵森
问候语	称呼包含在场所有人，分群体问候，既有层次，又恰当得体	没有称呼，只有问好
名字介绍	"我是……"的意思是把自己这个人介绍给大家，表达更接地气、更自信、更有气场。用词句法进行介绍，跟演讲主题进行连接	"我叫……"更像是介绍自己的名字，而不是自己本身，气场稍弱、自信度不够。利用拆字法介绍自己的名字，但在介绍的时候，只是介绍了写法
愿景	将名字和自己的心愿相结合，使整个自我介绍有了归属，同时也起到了画龙点睛的作用	没有愿景表达
给对方印象	用了"杰出、凯歌"等词语，给人一种积极、正能量的印象	"×"带有负能量

注意：介绍名字在自我介绍中并不是必不可少的，特别是在商务场合中，你是谁、叫什么都不重要，对方更在意的是你可以为对方带来什么。

"人"——人物所属：展现你最与众不同的一面

"人"这个部分，你可以介绍自己所属的行业、单位、职务、职称、家乡、母校，甚至是兴趣、爱好、荣誉、成就、过去、未来、梦想等。

这部分可以依据主题和场景的需要,在不同方面有所侧重。在演讲课程或大型会议前,我一般会按照"过去—现在—未来"的模式介绍自己关于"人"的部分。

在过去的 10 多年里,我一直从事教育事业;今天的我,依然从事教育事业。我相信,未来的 5 年、10 年、30 年、60 年,只要我还活着,只要我还有一口气,我会依然站在这个讲台上,依然从事我最心爱的教育事业。这就是我,王晨琛,天生为教育而生!

在介绍完人物属性后,你的自我介绍基本已经到尾声了。这里要注意,千万不要前面介绍得很精彩,结尾却掉链子了。

"祝"——祝福、感受、感谢:完美结尾,让人意犹未尽

在五角星自我介绍模板中,"祝"的部分主要包含 3 个方面,如图 5-3 所示。

图 5-3 "祝"的 3 个方面

在这里，分享一下我亲自打造的"超级小演说家"特训营项目里，一位小学员自我介绍的结尾。

感谢各位领导给我们搭建这个学习的平台，感谢为我们精心服务的各位老师，感谢父母把我送到这里，感谢同学陪伴我走过这五天四夜的里程。（感谢）今天是晨琛老师陪我种下的演讲种子开花结果的日子，今天是我新生的日子，我想说，明年我还来！（感受）最后，祝福大家一帆风顺，二龙戏珠，三阳开泰，四季平安，五福临门，六六大顺，七星高照，八方来财，九九同心，十全十美，百事可乐，千事顺利，万事如意！（祝福）

只要你掌握了我提出的"好、心、名、人、祝"这5个字，不论你在哪种场合中进行自我介绍，都可以应对自如。下面举个完整的例子。

有缘千里来相会的新朋友们：

大家好！（好）冷和暖相会便有了雨雪，春和冬相会便有了四季，天和地相会便有了永恒，你和我相会又会有些什么呢？它的答案让我好奇，我相信时间会创造出奇迹。（心）大家可以叫我晨琛，"晨光"的"晨"，"琛玉"的"琛"。（名）我在大学教学多年，也经常给企业讲授演讲沟通、口才方面的课程，（人）希望我的到来能像我的名字"晨琛"一样，给大家带来"晨光"一般的希望和"琛玉"一般的价值。

人的一生仿佛就是一次又一次的相会，珍惜每一次相会，珍惜每一位相会的朋友。祝福大家相会不留遗憾、相期不负今生！（祝）

这段讲话通过"相会"引出自我介绍，然后再用"相会"来收尾，比较完整；通过"相会"这个主题，把五角星自我介绍理论的 5 个核心字"好、心、名、人、祝"穿插其中；通过多次重复自己的名字"晨琛"，加深新朋友对自己名字的印象。

有的朋友或许会问，如果同时和众人一起自我介绍，如何才能脱颖而出呢？这让我想起曾经参加过的一个志愿者选拔项目，据说报名人数达上万人，最后主办方选择了 7 位，我有幸成为其中一位。后来我又在另一次志愿者选拔中获得了冠军，这两次选拔中有一个共同的非常重要的考核项目——自我介绍！你想知道这个万里挑一的自我介绍我是如何完成的吗？其实，我是这样介绍自己的。

大家好，我是 123，来自木头王国！因为水木清华嘛……我是 123，这个 1 嘛，就是我一生的志愿者梦想，每年我都会拿出一定的时间当义工。我主持过慈善晚宴、发起过给孤儿捐款，也给打工子弟、身体残障者讲过课。我想用一辈子来书写这一份"志愿者"的梦想。说完 1 说 2，这个 2 嘛，不是胜利的手势，而是说我的两个"孩子"！第一个孩子出生于 2003 年，他的名字叫"绿色旅游世界行"……第二个孩子出生在 2010 年的玉树，当时我独自前往那里发起了"演讲沟通公益历程"。没错，这就是我的两个孩子——我自费发起的两个小公益活动……而 3，就是遇上 xx 平台三生有幸，期待能和大家一路一起走，用爱来牵手！123我们都是木头人，123可以说话可以动，心动不如行动，123请投票，我是123，我是王晨琛！

这里的"123"自我介绍法，属于五角星自我介绍模板的高阶版本，你可以灵活使用。比如"1"可以是自己的一个梦想、一个目标、一个使命等，"2"可以是自己的两个孩子、两个原则、两个爱好、两件要事等，"3"可以是跟某平台合作或跟新朋友相识三生有幸、自己的3个祝福、3个感谢、3条底线等。

王老师留作业

邀你来挑战：你可以根据五角星自我介绍理论，写一段自我介绍吗？

_____

_____

_____

_____

_____

_____

_____

王老师敲黑板

· "借名法"所借用的名人名事，一定是带有正能量的。

· 可以在自我介绍中多次重复自己的名字，以加强听众印象。

· 在某些场景下，你是谁、叫什么并不重要，重要的是你能给对方带来什么，所以五角星自我介绍模板的 5 个字你可以根据情况选择使用。

5.2 工作汇报

在分析这部分内容前，我们先来看看杰出的员工代表诸葛亮，是怎样向领导刘禅汇报工作的。

"臣亮言：先帝创业未半而中道崩殂，今天下三分，益州疲弊，此诚危急存亡之秋也。然侍卫之臣不懈于内，忠志之士忘身于外者，盖追先帝之殊遇，欲报之于陛下也。诚宜开张圣听，以光先帝遗德，恢弘志士之气，不宜妄自菲薄，引喻失义，以塞忠谏之路也。"

如果整理一下诸葛亮的汇报思路，我们会发现共有 4 部分。

·先帝（刘备）创业一半，去世了。

·现在我们面临的形势很糟糕，危急存亡。

·我们应该怎么做呢？别担心，宫廷里有侍从护卫等官员不懈怠，战场上忠诚有志的将士们奋不顾身。

·陛下您要扩大圣明的听闻，来发扬光大先帝遗留下来的美德，说恰当的话，带领大家干一番事业。

我们来分析一下这个工作汇报。

·沟通对象：后主刘禅。

·领导的关注点：人力疲惫、民生凋敝、困苦穷乏，现在是生死存亡的关键时刻。

·汇报者的意图：我出去创业，你好好工作，广听谏言。

现在，再回到我们的工作汇报中。

工作汇报怎么写？怎么讲？很多人都觉得难，不知道自己该写什么，似乎也没什么业绩值得拿出来炫耀。有的人干脆找来别人的模板，自己随便改改，应付了事。

事实上，工作汇报是一个非常难得的，能在职场中总结自我、展示自我、升职加薪的好机会。只要你弄清楚 3 个问题，你在汇报工作时不仅不会平淡无奇，还会大放异彩！

究竟是哪 3 个问题有如此神奇的魔力？

这 3 个问题如下。

·沟通对象是谁？

·领导的关注点是什么？

·你的意图是什么？

沟通对象是谁：明确你的目标听众

沟通对象不同，责任不同，如表 5–3 所示。

表 5–3　不同对象的不同责任

沟通对象	责任
高层	决策——做正确的事
中层	执行——正确地做事
基层	操作——快速地完成任务

工作汇报，首先你得明确自己汇报的对象是谁，是直属领导还是上级领导，是专家还是客户。

不同的目标听众，你汇报内容的侧重往往也有所不同，如表 5-4 所示。

表 5-4　不同汇报对象的不同内容侧重点

汇报对象	内容侧重
直属领导	你在工作中发现的问题和解决思路，或者工作中某些问题的解决方案等
上级领导	你对未来工作的目标规划及具体措施等
主管领导	你在工作中有哪些可以供他人借鉴的优点等
客户	你在工作中出现问题时的解决方案和配合要求等
专家	你在工作中的创新之处及具体成果等

明确了汇报的对象后，我们再根据不同的汇报对象进行有针对性的内容准备。如此知己知彼，才有可能百战不殆！当然，我们还要根据企业的实际情况来灵活处理。

领导的关注点是什么：投其所"好"，不出差错

我们在汇报工作时，多数情况下都是向自己的直属领导汇报，而直属领导关心的主要包括以下内容。

· 结果是什么？

· 过程是什么？（背景、优势劣势分析）

· 经验教训是什么？

·下一步的工作打算是什么？

明确这4个部分，你在汇报时通常都不会出太大的差错。而在汇报时，你也可以根据自己工作的实际情况，有所突出地向领导进行汇报。比如，你可以突出自己对未来的信心，突出自己在工作上的专业水平，突出自己的成长进步等。

下面几个范例，你可以参考一下。

（1）突出信心

·我在规定的时间内超额完成了目标，我想这要感谢……。同时在……中，我做到了……

·我还在工作中发现了一些小窍门，比如……

·相信有了这些改进对策及建议，明年业绩能在这个基础上增加18%……

（2）突出专业水平

·我的工作正在按预定计划执行，目前在……方面已经做到……，……方面已经达成了……，……方面已经完成了……

·工作中我也遇到了一定的困难和问题，同时……

·如何解决上面的问题？我想主要……

（3）突出成长进步

·虽然工作任务较重，我经常晚上12点回家，但是学到了很多……

·一些意外情况让我付出了巨大的牺牲，但也获得了宝贵的经验……

·我将越挫越勇，积累到的经验将会为以后的工作提供帮助。

你的意图是什么：备好你的解决方案

我喜欢在企业内训《王道工作汇报》课程中，以《西游记》中的人物为例讲故事，让学员们更好地理解有解决方案的重要性。

唐僧是 CEO，八戒是综合部部长，沙僧是后勤部部长，悟空是营销部经理，白龙马呢？是司机兼秘书。唐僧很会用人，合理分配了任务。如果悟空本领大都让悟空来，挑着担子的是他，逢山开路打妖精的是他，化斋的是他，唐僧也不骑马了，骑个猴。那就不是西游，那是耍猴！

这一天，悟空跟随师傅继续西行。突然，他发现前方紫气腾腾，怕是有妖精，于是向唐僧汇报工作："师傅！前方紫气腾腾怕是有妖精出没，请问我们该怎么办？"

"阿弥陀佛！你去打探一番！"唐僧闭眼回答。悟空说："好，我去也！"嗖地一下，悟空一个跟头，不见了。不一会儿，悟空回来了。

"师傅，师傅，前方果然有很多妖精！请问我们该怎么办？"师傅吸一口气说："你去把他们赶跑吧，切记，不要杀生！不要杀生啊！"悟空说："好，我去也！"又一个跟头没影了……

这次回来时间稍长，悟空气喘吁吁："师傅！师傅！我谨记师傅教诲绝不杀生，妖精们都被我赶跑了，但还有一只老妖跟我捉迷藏，此刻又进洞不出来了，请问我们该怎么办？"

唐僧说:"你这泼猴只会问怎么办、怎么办,光提问题不提方案,干脆,咱别取经了!散伙吧!"一听要散伙,沙僧心想:我老实巴交,招谁惹谁了?干脆我去流沙河开发旅游资源算了。八戒想:得,那我回高老庄了!没准还能娶一个漂亮媳妇过日子呢!悟空心想:那我干脆回水帘洞当美猴王了!说声:"师傅,我去也。"一眨眼,3个徒弟都没影了。挺好的团队就这样散伙了。

不知道你有没有类似的经历:汇报工作时,不仅没有获得上司的指示或帮助,反而还被"批评"了一通,为什么?

因为你的汇报在给领导出难题、添乱、找麻烦。所以,你千万要分清"讨教"和"汇报"的区别。要知道,把"皮球"踢给领导,最容易遭到领导反感。

聪明的悟空是这样做的。

悟空发现前方紫气腾腾,怕是有妖精,于是汇报工作:"师傅!前方紫气腾腾怕是有妖精出没,待我前去打探一番。"说完立马拿出金箍棒给师傅画个圈,确保师傅安全后,一个跟头就不见了。过了一会儿悟空回来说:"师傅,这里有另外一条路也可以去西天取经,请随我来!"路上,悟空跟师傅唠嗑解闷,便可以讲讲自己之前遇到了什么样的情况,自己又是如何找到这条路的。

作为员工,在汇报工作的时候,不仅要提出问题,更要提供解决问题的方案,而且在条件允许的情况下,最好提供3个解决方案,这就是我提出的员工汇报工作的"1+3"模式，即"1个问题+3个解决方案"。为什么不是1个解决方案呢？举个例子，比如为公司外出开会学习找场地，会不会发生原先预订的场地因为沟通失误，被租给了另外一家公司，或者场地突然失火等情况，所以多些选择，有备无患。

事实上，你的领导和你是一种需要和被需要的关系。作为下属，你要想获得被需要的尊重和认同感，就要想办法让自己成为困难和麻烦的克星，而不是推手。汇报工作"1+3"模式，告知领导每个方案的利弊，让领导"做选择题"，而不要让他"做问答题"。

总之，在进行工作汇报时，你要弄清上面几个要点，多在这些方面下功夫，相信离升职加薪也不远了！

王老师敲黑板

·除了按领导要求汇报工作外，出现以下几种情况最好及时主动向领导汇报：计划完成到一定阶段，有意外情况发生，需要越权，出了错误，完成任务等。

·汇报工作最容易犯的错误是不愿意承担责任以及彼此之间没有达成共识。

·汇报工作时需要事实、数据、图表等，最好一事一报，一次汇报最多不超过3件。

·汇报的时候要学会分类概括、合并同类项。比如采购方面的一个汇报，就可以按照功能方面、服务方面、价格方面等进行分类介绍。

·如果是临时性汇报，最好提前告知领导所需要的时间，让领导心中有数，好安排其他事项。

5.3 竞职演说

在职场上，人人都希望步步高升，而竞职演说就是一个重要的途径。

我总结了竞职演说的三大特点。

·目标明确性。候选人需明确目标，只有你的竞选目标与听众一致的时候，听众才会投你一票。

·内容竞争性。展示你的能力、与众不同的优势等，让听众认定你就是不二人选。

·解决问题的落地性。你的目标可以说得大而多，但听众最关心的是如何实施、如何将目标变成现实。如果你打动并说服了对方，你就赢了！

如何在众人参与的竞职演说中脱颖而出呢，晨琛老师为你分享我的"万能四部曲"。

第一部：为什么是我？

竞职演说的最终目的就是要获得别人的认可，最终竞职成功，那么你就要拿出真凭实据，让别人相信你能行。

你需要深挖一下：我有哪些突出的优点？我在过去的工作中有哪些突出的业绩？相对于其他竞职者，我有哪些特殊的才能或资源使我更适合这个岗位？我最擅长什么？我的核心竞争力是什么？我的不可替代性是什么？……总之，要做到"人无我有，人有我优，人优我鲜"，如图5-4所示。

如果对于这些问题你都能很好地回答出来，那么你竞选成功的可能性就会增加。

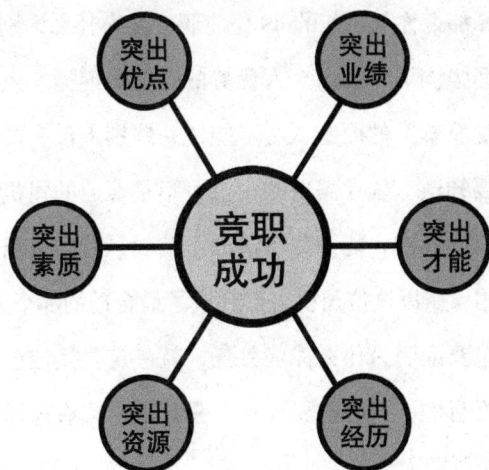

图5-4　竞职成功突出要素

有一次，某领导要为自己招聘一位专职司机。前来应聘的人很多，其中甚至有25年以上驾龄、零出错、零罚单的优秀司机，但面试官一个都不满意。直到第五十位应聘者进来，他只说了3句话，面试官立马拍板："就是他了！"

这位司机到底说了哪3句话呢？他说："本人从事驾驶工作25

年以来，一直遵从3个原则。第一，听得，说不得；第二，吃得，喝不得；第三，开得，使不得！"

其实这3句话的意思就是：第一，我这个人嘴很严，能保密；第二，我从不酒驾；第三，我绝对不会公车私用。

请你跟我一起分析一下，之前的49位应聘者都极力强调自己的驾驶技术如何好、做事如何踏实负责、服务如何细心等，如果你还是强调这些，那么你与之前的49位应聘者又有什么区别呢？

我在前面强调了，突出个人优势的时候要遵循"人无我有，人有我优，人优我鲜"的原则，尽可能说一些别人没有提到的方面，投其所好。要知道，领导需要的司机可不是普通的司机，需要能够保守工作机密。其次，能管住嘴滴酒不沾。最后，按照规定，公车绝对不可私用，所以这位司机自然就成了最合适的那个人。

可见，想要证明为什么你能胜任，就一定要换位思考，想想对方要达到什么目的，对方的忌讳点又是什么。只有这样，你才能从众多竞职者中脱颖而出。

有些人可能要说了："老师，我觉得自己很适合某个职位，可我很年轻，工作经验也不够丰富，要比资历、比经验、比业绩，我都比不过别人，怎么办呢？"

来看看我曾经辅导过的一个学员的案例，她曾参加了一次暑期青少年演讲特训营，当时才7岁，是其中年龄最小的营员。但是，她却赢过了很多十五六岁的大孩子，获得了副营长的职务。竞选时她是这样说的。

"我一没有高高的个子，二没有太多的学识，三没有丰富的经验，我只是一个7岁的营员，大家肯定有十足的理由怀疑我能否担任副营长的重任。但我想说的是，各位小演讲家们，大家有没有想过，我们要把一个特训营打造好，难道非得有高高的个子、超多的学识、丰富的经验不可吗？而我，虽然只有7岁，但我充满了学习的热情，我喜欢倾听，喜欢思考，喜欢创新，我憋着一股子劲儿想要为大家服务！请相信我，我充满了无限可能！"

你看明白她是如何竞选成功的了吗？

第一，根据情况，调整竞选的目标职务，"不做老大做老二"。该案例中的小营员不去争抢大家都想要的营长职务，而是主动选择做副营长，这样胜算更大。

第二，面对跟其他竞争对手相比明显的劣势，她一开始便大方地承认自己的不足，把大家的担忧说出来。注意，当你把有些事情在台面上说开后，这些事反而没那么重要了。越是遮遮掩掩，往往越显得心虚。有些人可能会想，我不提没准评委都没有想到呢？注意，此处我说的是明显的劣势。

第三，把大家的担心通过一个反问句式"难道……吗"说出来，从而强调自身的不足并不是重要的决定性因素。

第四，展示个人优势及独特之处。

第五，展望个人未来的无限可能。

第二部：目标是什么？

在竞选前，我们需要对听众在工作中的需求和目标进行调研，向听众分享你的工作目标和对未来的展望，并把听众的目标纳入自己的目标中，这样对方自然会选择你。

下面这个竞选银行保安部部长的演讲，就列出了他在竞聘成功后的工作目标。

"如果有幸竞聘成功，我将抓住大好机遇，与保安部的同事们一起筑起人肉长城，保卫我们整个银行人员和财务的安全。对今后的安保工作，我的初步设想是'贯穿一条线，聚焦3个点'。枪要打得准，必须'三点成一线'，这一条线是什么线呢？就是生命财产安全保障线……我们要在1年内，让我们银行的生命财产安全受损的数字降到全国各大银行系统的前3。我将把这条线贯穿于考评工作的全部过程和各个方面。为此，我将聚焦在下面3个点上精准发力：一是人员培训……；二是工具升级……；三是奖惩分明……。"

这样列出了具体目标，竞聘自然很成功。

第三部：怎么做？

大目标谁都会谈，关键是如何落地变现。听众往往非常关心你会怎样规划接下来的工作，你的每一步措施是什么，等等。

我曾经辅导一位刚从国外毕业的 25 岁小伙子与 35 岁以上经验丰富的职场老手们竞聘，最终小伙子成功竞选到公司总经理一职。你想知道在"怎么做"这个环节中，他是怎么说的吗？

"第一，通过电话、邮件、座谈、走访等各种渠道诚恳地倾听大家的呼声，热忱地采纳大家的合理建议并予以奖励……；第二，当务之急是通过创新营销把积压产品销售出去，具体我们可以将内部献计献策和外请专家指导相结合……；第三，打造全员营销理念，每人除做好本职工作外，积极参与到营销活动中。比如，我们请专门的文案人员编写微信营销内容，大家复制转发到朋友圈和微信群，比如我自己一定会坚持每天直播带货……我们要让每一位员工的收入在半年内翻一番。"

有了这"第一、第二、第三"的具体实施方法后，作为听众的你是不是也会觉得竞选者之前提出的目标有点靠谱了呢？在具体实施方法的描述中，不忘展现个人的具体做法，让听众感受到竞选者的决心和付出。同时，这位小伙子提到的"我们要让每一位员工的收入在半年内翻一番"的目标直接与听众的利益挂钩，大家当然愿意投票给他了。

第四部：做不到怎么办？

请你想一想，天热时去买西瓜吃，发现左边一个摊位、右边一个摊位，两边的西瓜一样大、一样圆、一样的价格，两个摊位上坐着一样亲切好客的摊主，该去哪家才好呢？突然，左边的摊主发话了："不好不要钱！"请问你最终会选择哪边？我相信大多数人都会选择左边吧！为什么？因为左边给出了零风险承诺。

回到我们的竞选上来，有些竞选者为了获得投票支持，不惜大胆许诺夸下海口，结果竞选成功后发现很难实现。这种情况很常见，这也是最让当初投票的听众担忧的。的确，许下承诺很容易，但真正实施起来可能会面临重重困难。万一竞选成功的人最后没能实现他承诺的目标，该怎么办呢？

所以，如果竞选者能给听众吃上"定心丸"，并做出零风险承诺，听众选择你的概率就大多了。这一点相当重要，但几乎经常被忽视。

还是回到刚刚提到的我辅导的 25 岁竞选公司总经理的小伙子身上。与他探讨后，我们在竞选中是这样结尾的。

"在公司扭亏为盈之前，我只拿全公司最低工资。如果两年之内不能实现我承诺的目标，我立即下台，并做好交接工作。"

大家一听：看来他还是有些真材实料的，不然也不敢这么说！当你定下目标日后却没有做到时，你还需要向听众做出承诺，如图5-5 所示。

· 下台：什么情况下我会离职。

· 下任：如何选出下一任接替我。

· 弥补：由此造成的损失如何弥补等。

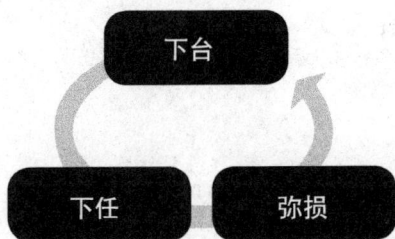

图 5-5　向听众做出的承诺

王老师敲黑板

竞职演说获胜秘诀——晨琛老师原创四部曲包含以下内容。

· 为什么是我？

· 目标是什么？

· 怎么做？

· 做不到怎么办？

5.4　项目推介

现在，各种项目的竞争都异常激烈，"酒香不怕巷子深"的时代早已经结束了，而一对一的推介也越来越多地耗费人力、物力和财力。如今，各种招商融资、项目路演、直播带货等一对多的会议式销售型演讲越来越多地被各种公司使用。毕竟，一对一的推介好比推着石头上山，而一对多的推介好比滚着石头下山，要轻松得多。

前不久，我参加了一个大型路演活动，演讲者全是企业法人、创始人、总裁等。遗憾的是，几乎每一个上台者，一上来就说我叫××，来自××公司，我们公司主要做什么，有×××优势等，千篇一律，果然没过多久，台下座位空了一大片。注意，在你和听众之间没有建立连接感、信赖感之前，滔滔不绝地说自己的产品项目如何好、公司多么优秀，结果只会适得其反。

所以，一个成功的项目推介，一定要学会变被动为主动。我根据自身路演实战，反复论证调整后总结了"天龙八步"，按照这8步进行的项目推介，最高达到100%的成交率，相信这8步对你一定也有用。

第一步：挖痛苦说案例

要做好项目推介，首先要研究人性。人活着有两大终极目标：追求快乐和逃避痛苦。前面我已经分享过，逃避痛苦的力量大于追求快乐的力量，人逃避痛苦是一种本能。同样，与其告知对方这么做的好处，不如告知对方不这么做的痛苦。

先挖痛苦，然后给出大量的案例说明有款产品或项目正好可以帮听众解决这个痛苦，吊足听众的兴趣。

我有一位广西的企业家学员，他做的是富硒茶生意，想通过组织一次产品推介会，宣传公司的一款新茶，于是找到我，请我辅导他。

我仔细阅读了他们之前的产品营销策略和会销策划书，内容基本上就是列举喝茶的种种好处，以及他们这款新茶的独特之处等。我一看，直接否定了这个策划书，并问他之前会销效果如何。他告诉我很一般，正如我所料。

为了让会销成功，我开始对策划书进行大幅修改。在修改时，我反其道而行之，压根不跟客户提茶，只是问大家是否有过这些经历：经常在外面喝酒应酬、大鱼大肉，使身体出现了超负荷，高血压、高血脂等纷纷"找上门"；环境污染越来越严重，身边得重病、怪病、癌症的朋友越来越多；工作或学习中容易犯困，喝一杯速溶咖啡，却同时摄入了大量的脂肪和糖……然后再进一步分享这些问题不解决会有怎么样的后果。这时听众就会紧张了，因为你在挖他的痛苦，这些痛苦恰恰与他休戚相关！

之后，话锋一转，展示一系列喝过该公司新茶的客户的前后对比数据图、身材对比图、各种状态对比图等，通过真实的案例说明这些问题完全是可以解决的！这时候，听众就会对新茶充满期待了！

从上面的案例可以看出，要做好项目推介，第一步并不是大谈特谈某个项目或某个产品的优势、好处，而是谈不使用某项目、某产品造成的损失，这要比你直接谈项目、产品更有效。

第二步：引产品塑价值

注意，要在挖掘完痛苦后才可以把产品引出来，绝对不是一开始就引出产品！因为挖掘完痛苦后，才是听众对产品充满期待的时刻。在这个环节，你可以介绍产品的功能、成分、各项参数、特点、安全性、公司资质等基本信息。要知道，顾客对陌生的东西是天生缺乏安全感并且抵触的，如果你的产品技术等原本就比较复杂，而你还想用一些显得"高大上"的专业术语唬住顾客，以显得你的产品很厉害，成功的可能性反而会降低。顾客原本就是因为不明白、不了解才不选择你的产品，而你还故意制造一些认知障碍，让顾客云里雾里的，顾客怎么可能还愿意掏钱去购买与自己那么有距离感的东西呢？

所以，我认为最佳的破解方法是下面两招。

第一招："以旧带新"。关于这一招，苹果公司的创始人乔布斯是最有发言权的。

第一代 iPhone 问世时，人们还不知道"智能手机"到底是什么东西，因为这在当时就是一个完全未知的概念。对于普通的消费者来说，高科技的智能手机实在是太难以理解了。

但"乔布斯"可不是一般人！在产品的发布会上，他是这么说的：

"iPhone=1 个大屏幕的 iPad+1 个手机 +1 个上网浏览器。"

原本相当复杂的一个智能产品，乔布斯用这么简单的一句话就解释清楚了。虽然这句话并没有说尽第一代 iPhone 的全部优点，但至少让消费者快速理解了这个产品的特性和强大功能。所以，消费者都感觉"so cool"！

你看，通过大家已经熟悉的人、事、物来引出对方不熟悉的人、事、物，就会起到事半功倍的效果。

第二招："拟人故事"。比如下面这个案例。

说起"人人'喂'我，我为人人"的废纸篓，你会想到什么呢？青番茄图书馆为宜家的芬尼斯废纸篓设计了一份产品文案，是这么写的：

"废纸篓擅长韬光养晦，揉成的一个个纸团，将废纸篓喂饱，纸团上的文字，不知从哪本书上摘抄，散发着素颜韵脚诗的味道。一旁的书桌，一直在嘲笑废纸篓的学历不高，废纸篓却满不在乎，打算默背第五百二十一遍《离骚》。"

在顾客看来，不就是一个废纸篓吗，有什么值得推销的？然而如果你在你的产品介绍中用上这段文字，相信顾客立马就对你卖的废纸篓刮目相看！先不说你的废纸篓质量好坏，就文案中包含的这个故事，便足以引起顾客的兴趣，让顾客凝神听上 3 分钟！

引出产品的目的不是介绍产品本身，而是塑造产品给人带来的价值！比如你要介绍一款洗碗机给听众，你的目的不是告诉对方，用洗碗机平均每天可以节省 30 分钟时间，而是要告诉听众，这 30 分钟可以省出来辅导孩子功课，让孩子将来考一个好大学；你也可以用这 30 分钟陪伴另一半散步，让两性关系更甜蜜；你也可以用这 30 分钟做些自己感兴趣的事情，让自己更开心愉悦等。你不是要用产品打动人，而是要通过塑造产品的价值打动人！

第三步：比对手论优势

我们这里说的"对手"，既包括公司内部的其他产品，也包括公司外部的类似产品。要与对手比优势，我们可以从产品的功能、颜值、质量、价格、服务等多方面进行比较。

2008 年 1 月，苹果公司创始人乔布斯发布了第一代 MacBook Air 笔记本电脑。在当时的产品推介会上，乔布斯从一个微小的纸质办公信封中抽出了一台笔记本电脑，同时说道："这是世界上最薄的笔记本电脑。"一瞬间便惊呆了台下所有的听众。

当时，苹果的对手们已经推出了轻薄笔记本，但它们的厚度基本都在 2.5 厘米左右，搭载着 8 英寸（1 英寸 ≈ 2.54 厘米）或 11 英寸的显示屏，并且多数笔记本还没有配置全尺寸键盘。而苹果的这款 MacBook Air 笔记本电脑被打造成为楔形，从而使最厚的部分都要比索尼的 TZ 系列笔记本最薄的部分要薄。而索尼 TZ 系列笔记本电脑是 2008 年以前全球最薄的笔记本电脑之一。

与此同时，这款笔记本电脑还去掉了内置光驱，完全使用无线连接，并开启了多点触控板的广泛应用。如此一比较，这款笔记本的优势一下就体现出来了。

通过比较，产品孰优孰劣也就能立即显现了。

第四步：述使命谈公司

我参加过许多项目推介会，也看过、听过很多演讲者喜欢一上来就述说使命、介绍公司，这是非常冒险的事情。一家公司之所以伟大，并不在于它多么有名气，而是在于能够为顾客解决问题。所以，在没有讲述产品能解决什么问题之前，请不要开口就谈公司和使命。

有关这部分如何讲述，请看我写的一个参考模板。

"因此，我们 × 公司就是为解决……问题而诞生的，自……年成立以来，一直秉承着诚信、善良、助人、创新的理念，为解决……问题而提出更优化的解决方案，并且不断努力，为进一步规范行业标准，树立……的民族品牌形象而不断前行……"

谈完使命，自然就能把话题引到对公司的介绍上来了。公司介绍可以包括公司成立及发展历程、合作伙伴、服务客户、所获荣誉、研究成果等。当然，最重要的是要谈谈公司里最值钱的——人。比如乔布斯在介绍自己的苹果公司时，是这样介绍团队的。

"这里有一群特立独行的人。他们不合群，他们叛逆，他们制造麻烦……你可以引用他们、驳斥他们、赞美他们，但你唯独不能忽略他们。因为他们改变了世界，推动了人类的进步……"

第五步：现场惠有大礼

开场已经挖掘过痛苦了，现在该是给"甜蜜"的时刻了，你要让听众觉得现在你的产品十分优惠。比如，一家销售净水器的公司在会销的时候，比平时只多送了两个滤芯，显然优惠力度是不够的，和该公司协商后，我的策划思路转化成语言是这样的。

"为了感谢朋友们的一路支持，凡是现场带一台回家的，我们立马送你一台一模一样的净水器。这样厨房一台、洗手间一台就配齐了。或者自己家用一台，父母家用一台。不仅如此，我们还现场赠送 3 个滤芯！另外，还送等额度的手机充值卡！话费每天都在用，人人都需要对吗？这次活动相当于现场免费领取两台净水器和 3 个滤芯，只有前 50 位把本次活动海报发送到朋友圈的朋友才有机会！因为礼品成本高，前 50 位送完即止！我敢保证，这是到目前为止，××平台史上优惠力度最大的活动！"

除了送电话卡，我还设计过送汽车、送油卡、送一线化妆品等方案，你一定很好奇，这不是亏了吗？其实，只要精算好、营销模式设计好，稳赚不赔。当今的会销不再是过去传统的单纯靠降价打折，而是用系统思维、创新的方式在看不见的地方赚钱。会销成功的关键是模式设计，模式对了，甚至不需要人去会销，产品会自然被抢空。

当有顾客下单时，一定要在现场大声宣读出来，以便让更多的听众看到并听到，刺激他们的下单欲望。人都有从众心理，在现场这样热烈的环境中，当看到有人购买时，自己的内心也会蠢蠢欲动，这时会销就成功一半了。

你也可以在现场设置一些抽奖环节，提高听众参与的积极性；或者设置一些娱乐性的小游戏，并且给参与游戏的听众赠送一些小礼品。当听众的情绪被调动起来后，下单的欲望也会逐渐增强。

第六步：除障碍拒风险

虽然上面给出了大幅度的优惠政策，吸引了众多的客户，但一些客户同样会存在这样那样的障碍，以至于不能顺利成交。一般来说，客户的障碍包括信赖、需求、时间、金钱四大方面。

结合以上障碍，这里跟你分享会销中常用的成交方法。

（1）免费成交法

免费成交法即提出产品免费的假设来引起客户思考。比如我在帮助一些口才品牌连锁机构打造会销语言艺术的时候，是这样设计的。

"如果这套演讲口才课程是免费的，立刻想跑过来报名的请举手！好的，这表示您很想提升口才对吗？同时，这门课的质量您已经认可了，您同意吗？时间也是没有问题的，对不对？所以，需求不是问题、质量不是问题、时间也不是问题，剩下的就是价钱的问题了，是吗？朋友们，想收获就要先付出，天下没有不劳而获的事情大家同意吗？投资越多收获也越多，对吗？天下没有白吃的午餐，免费的往往是最贵的。朋友们，大家都知道空气免费，没有空气人会死去。所以，免费的就是最贵的，大家同意吗？假如今天这个课程免费，由于没有花费一分钱，一般人就不会重视，是不是这样？你会保证出勤率吗？你真的会在每次课程中都全力以赴吗？所以，免费会把你给害了，免费的就是最贵的！为了对您负责，为了对效果负责，我们要对自己的大脑进行投资。"

（2）价格分解成交法

即把价格分解到每月、每天、每时等来促进成交。比如：产品价格/使用年限/12月/30天＝产品每日投资额度。以此来说服顾客。

假如要向顾客分享一款收费课程，而顾客觉得课程的价格太高时，你就可以对价格进行时间上的分解。

"有一句话我想您一定同意，就是人与人的区别在于脖子以上，思路决定出路，脑袋决定口袋，投资大脑是永远增值的。大家觉得未来10年、20年、60年的生命值多少钱？当然是无价的！投资一次演讲口才的学习，可以使用10年、20年、60年，直到终老，您觉得值不值？用有形的价格来换取无限的价值，这个投资其实是很值得的，大家说是不是这样？"

"您投资这个课程是可以受益一辈子的。假如我们还有60年的人生，那么我们一起算一算，3 800元除以60年是多少？每年约63.3元，对吗？再除以12个月，每个月是多少？大声告诉我，对，只有约5.28元，每天呢？对，只有约0.18元。这项投资有没有可能让您每年多赚20 000元？好，就算没有多赚20 000元，而是每年只多赚了2 000元，这跟你每天投资的0.18元、每年投资的63.3元比起来，是不是物超所值了呢？同意的朋友请挥挥手！"

在计算的过程中，最好邀请听众一起来参与计算，注意，听众投入越多、参与感越强，对产品的认可度也越高。

（3）鲍威尔成交法

这个方法来源于美国第 65 任国务卿鲍威尔的一句话："拖延一项决定比做出错误的决定浪费更多美国人民、企业、政府的时间和金钱。"所以，这个成交法就是说服顾客不要拖延，让顾客马上做出成交决定。

比如，你可以这样说。

"朋友们，大量事实证明，'拖延一项决定比做出错误的决定浪费更多的时间和金钱'。而今天我们就在做一项决定，对吗？假如你说'对'，那将如何？说'不对'又将如何？很显然，假如你说'不对'，那明天只会和今天一样，你没有任何改变、没有任何成长，同意吗？所以很显然，你说'对'比说'不对'对你来说情况更好，你说是吗？"

"当你用'对'取代'不对'，你的生活才能真正获得好处对吗？当你对结婚说'对'，对你的工作说'对'，对你的车子、房子说'对'，你才能真正享受到它的好处，是吗？所以，你说的'对'不是对我说的，而是对产品带给你的好处说的，你同意吗？"

注意，向听众抛出问题时，尽量避免连续使用同一种发问模式，否则会容易引起听众反感。

（4）后悔成交法

后悔成交法即通过让听众想象未来自己后悔的场景来成交。我给口才品牌连锁机构设计的会销语言是这样的。

"朋友们，测试一项事物价值的方法就是看它是否经得起时间的考验，大家同意吗？例如你投资房子、珠宝、车子及其他为你带来乐趣的事物，过一段时间后，你是否可以肯定地回答'你现在会不会愿意付出当时 10 倍的价钱来拥有它'这个问题。显然，随着时间的流逝，只有你投资的项目在增值，才是值得的，对吗？所以，如果今天你没有给孩子报名参加口才提升，未来两年，等到孩子参加学校入学面试了，别的参加过口才特训营的孩子都通过了面试，而你家孩子没有，你那时后悔就晚了！所以，演讲口才越早学越早受益，早学一天就多受益一天，大家同意吗？"

（5）使命成交法

使命成交法即通过使命来打动客户，从而成交，比如倡导公益、展现爱国情怀、为他人造福等。

相信有了以上五大成交法，你便可以轻松扫除客户的障碍了。

最后，我要说说为了让客户快速做决定，同时最大限度地打消客户的顾虑，我们可以做出零风险承诺。或许有朋友问，我承诺零风险，万一真碰到想占便宜的，购买后故意再要求退款怎么办？我不是亏了吗？注意，只要你相信自己的产品，有底气，就无须害怕，而且这也是刺激你努力去实现你承诺的一个非常有效的方法。当然，你要相信因为零风险承诺就想占便宜的客户远远少于因为看到零风险承诺而更愿意购买的客户。因此，从大方向来看，有了零风险承诺后，你会赚得更多。

虽然绝大部分产品都适用零风险承诺，但并不是任何产品都可以进行零风险承诺的，这一点你在向客户做出承诺前一定要弄清楚。

第七步：激将法爱挑剔

对于犹豫不决的客户和不善做决定的客户，他们往往需要你成为助推器，稍稍"推"他们一下。此时，我们需要用到激将法。

比如，在给培训行业辅导的时候，我经常会建议他们使用这样的句子。

"当成批的家长抢着上台要给孩子抢占优惠名额时，你真的无动于衷吗？难道你不希望孩子有所提升吗？"

要注意的是，激将法使用的对象有限，而且要把控好尺度。成交是个很奇特的事情，有时你越展示自己的优势，越表现得希望对方购买，效果反而越不好。因此，有时还需要增加条件，比如可以这样说。

"目前的价格已经让很多家长朋友尖叫了，是的，因为我们不想从这批学员身上赚钱，我们只希望通过我们用心的服务，让您的孩子真正受益，从而影响更多身边的朋友加入我们。我们学校的学员众多，目前教学场地、师资都十分有限，今天以优惠价报名的学员我们也不可能全部录取，之后我们会进行一次面试，只有面试通过的学员才可以真正享受到优惠……"

要给家长营造这样一种感觉：我的服务好，价格又这么优惠，我一点儿也不愁没有人报名，我愁的是报名人太多，平台压力太大、亏得太多！

第八步：三限制求变需

所谓"三限制"，就是指限制时间、限制数额、限制人群，以此来促进成交。

其中，时间一般限制在会销当下，比如一首歌的时间或3分钟、5分钟、会销结束前等。

关于数额，一方面指的是同一个人可以成交的数额，另一方面指整个会场成交的数额。这个数额可以参考以往的成交比例来决定。优惠的数额不要太多，以免大家不珍惜机会或成交数额达不到目标销售额，让主办方陷入被动。当然数额也不要太少，以免因为优惠数额偏少而错失营销良机。

关于人群，不是任何人都可以参与这样的优惠，我们往往需要对人群有所限制，比如只有现场的朋友、会员身份或转发朋友圈的点赞数达到某个数量的人群才可以参与。

通过以上3个方面的限制，我们可以把公司的"要求"变成客户的"需求"。

我反复升级打造的"天龙八步"就分享到这里。运用这套模板后，很多学员的业绩都有所提升，有的甚至呈直线增长。所以请相信自己，你也可以的！

王老师敲黑板

王老师原创会销顺口溜：

挖痛苦说案例，引产品塑价值；

比对手论优势，述使命谈公司；

现场惠有大礼，除障碍拒风险；

激将法爱挑剔，三限制求变需。

项目推介，你对听众用对词语了吗？晨琛老师总结了正误词语及对应例句，如表5-5所示。

表5-5　正误词语及对应例句

错误词语	正确词语	例句
产品	项目、系统	这个项目解决了……的难题
购买	带回家	只需××元，就可以把这款好用到爆的"宝贝"带回家
成交	成全	我要成全在座的各位……
掏钱	投资	投资我们的项目，完全是低风险、高收益
谢谢	恭喜	恭喜您获得了超值的终身线上学习课程

"产品""购买""成交""掏钱"等词语，让人联想到"花钱"，要小心使用。另外，"谢谢"是表达自己对客户的感激之情，暗含你占到客户好处的感觉，不可取。

5.5　会上发言

　　早上要开晨会，中午要开午会，晚上要开晚会；开工要开动员会，中途检查要开研讨会，竣工要开总结会；成功要开表彰会，失败要开检讨会……大会、小会，不开怎么会？事业发展中免不了要开会，身为与会人员，会上发言是避免不了的。

　　然而，很多人在会上总是会说一堆正确的废话，半天也说不到重点，原本私下聪明睿智、才华横溢的人，却因不会说话给人留下没想法、没思路、没"言值"的印象，多可惜啊！

　　会上发言大多都是即兴的，要根据现场的实际讨论情况来说，怎样才能在极短的时间内表述立场、说明缘由，向听众传递出建设性的信息呢？这是非常考验发言人的语言表达能力的。晨琛老师总结了会上发言的四"要"。

第一要：要有准备

　　丘吉尔曾经说过："要充分准备你的即兴演讲。"在会前，不论你有没有接到要在会上发言的通知，都应做好即兴发言的准备，尤其是一些学习会、座谈会、征询意见会、头脑风暴会、部门例会等。

你可以事先向有关部门了解会议的主题、环节和安排，然后对会议内容提前做些准备。这样一来，即使你被要求上台发言，你也不会紧张得不知道该讲什么了。

作为世界著名的演说领导人，丘吉尔对在会上即兴发言的提前准备十分在意。有一次，丘吉尔要去参加一次大会，并在会上发表演讲。等他坐车到达目的地后，司机为他打开车门，他却没有马上从车上下来。

"我们到了，长官。"司机说。

"请稍等，"丘吉尔回答，"我还在看我的演讲稿。"

在奥斯卡的颁奖晚会上，我们也经常会看到一些获奖演员发表获奖感言，有时你是不是会觉得他们怎么说得这么精彩！我相信他们也都要事先准备的。如果什么都不做，直到上台领奖时才随意演讲，那么很可能他们表现不出如此棒的口才。

那么，我们事先都需要准备什么呢？晨琛老师建议要事先准备以下3类知识。

·专业性的知识。这类知识越深入越好。比如你要在会上发表投资方面的演说，就要对一些投资数据、风险把控、国际国内行情、行业趋势等了如指掌。

·普遍性的知识。这类知识越丰富越好。如政治、科学、体育、教育、新闻等方面的知识，你的知识越丰富、越与时俱进，你的观点就越有说服力。

·经验性的知识。这类知识越实用越好。最棒的即兴演讲，往往会在演讲中讲述一些自己的个人经历，以及你从中获得的经验。这些经验最好具有可复制性、实用性，将这些知识拿出来与听众分享，不仅不会有自夸之嫌，反而让人尊敬！

第二要：要有风度

在任何场合的会议上发言，一开口讲话，你的气场就展现出来了：是盲目自大，还是谦虚平和？这完全能从你的发言态度上展现出来。所以，要想在大会发言中给听众留下好的印象，你的态度很重要。

（1）感谢——赢得好感

感谢是你赢得好感的第一步，很多演讲都要以感谢开头，如"感谢公司给我这么好的平台""感谢主持人给我发言的机会"等。

比如在公司年会上，你就可以这样表示感谢。

"春节即将来临，在此，我先祝福在座的各位领导和同仁新春快乐，感谢各位同仁对我一如既往地支持……"

（2）自谦——塑造形象

大家都对狂妄自大、目中无人的人难以产生好感，所以为了塑造良好的形象，特别是晚辈新人在领导长辈前发言时，可以适当谦虚。

"下面我就抛砖引玉，还请大家多提建议。"

快结尾时，可以这样。

"这是我个人的简单看法，还请大家补充。"

注意，如果你不是新人并且很希望自己的建议被大家认同，可以不必太谦虚。

（3）赞美——聚集人气

喜欢赞美他人的人，往往也会收到他人的赞美。在开会时，如果你能对他人发表的言论进行发自内心的赞美，这样不仅能调节氛围，还能快速聚集人气。如何来夸？我总结了一个顺口溜："由 A 及 B 小到大，当面扬来背后夸，两人效应不害怕，复述他人来赞他，及时公开求具体，事实感受顶呱呱。"

我们先看第一句中，"由 A 及 B"，即在夸奖中把 A 当成榜样，如"这方面我就欣赏两个人，一个是老板，一个是你"。夸的内容若包含多方面，可先夸小的再夸大的，如"你的建议可以帮公司节省 10% 的成本，不仅如此，还能让客户自发介绍新客户，这样一来，咱们最愁的客户拓展就变得像呼吸一样容易了"。

"当面扬来背后夸"，指夸时不仅要当面夸，更要在背后夸，背后的夸赞总会传到对方耳朵里，而且这种情况显得更真实。

"两人效应不害怕"，指除了你自己，就只剩两个人时，如果夸了其中一个，也必定要夸另一个。

"复述他人来赞他"，指通过他人之口来夸，这样显得自然真实，并且能起到一箭双雕的效果。比如："晨琛老师说你每次来上课都提前 10 分钟到，而且还帮同学们准备好水果，你真是我们的榜样。"

"及时公开求具体"，指夸得要及时，尽量当众夸，而且夸的内容不要笼统，要具体。

比如，"你在会上分享的破除跨部门沟通障碍的工具真好"，不如"你在会上分享的破除跨部门沟通障碍的工具，既有模板，又有话术，太好落地了！"

"事实感受顶呱呱"，指夸时多说"事实＋感受"，显得真实且有说服力。如："上次你在会上提出的营销 3 件套，我们部门已经用上了，这 10 天的业绩提升了 23%，太给力了！"

第三要：要有逻辑

真正能够入脑入心的会上发言，一定要有明确的观点和清晰的逻辑。要解决这个难题，我们在前面提到的"三 × 法则"就非常适用。比如，我们用其中的"三问法"——"是什么、为什么、怎么办"来发言时，就可以这样说。

"今天我们要讨论的主要问题是……（是什么），为什么会出现这样的问题呢？大家有想过吗？（为什么）我认为，要解决这个问题，首先要……（怎么办）"

这样条理清晰的阐述方法，一方面可以让听众厘清你的发言思路，另一方面也可以让自己保持清晰的逻辑，演讲时不跑偏，不丢内容。

另外，针对不同的发言内容，我们还可以运用"案例—好处—行动"的"三问"工具来进行，即"案例是什么、好处是什么、如何去行动"。

例如，在公司以环保节能为主题的研讨会中，你就可以这么发言。

"之前我去国贸公用的洗手间，发现取纸的时候，每一小节都会自动断掉……（案例）这就预防有些人多取手纸，从而浪费……（好处）我在想，咱们公司是不是在下次购买手纸时也选择这样的……（行动）"

也可以按照"结果—原因—建议"的模式，即按"结果是什么（一般是不好的结果）、原因是什么、建议是什么"的思路来发言，同样很有逻辑性。

"上周店面业绩总体下滑 12%……（结果）其中一个原因是马路对面新开了一家类似的餐饮店，很多老顾客去尝新了……（原因）所以，我们在进一步研究对手的同时，还需要加大差异化营销……

（建议）"

第四要：要有能量

在会上，要想让你的发言深入人心，就一定要会说一些带有能量的话，在清晰地表达自己观点的同时，还要让别人乐于接受你的观点，不会对你的观点产生抵触情绪。

比如，有人在会上提出一些与你的想法或观点相悖的意见，此时保持缄默可能不是一个好方法，但如果直截了当、咄咄逼人地直接否定或反对，甚至用"一棒子打死"的态度对待对方的观点，或采取插话、抬杠、极力纠正等行动，都是不恰当的。虽然开会很多时候要的就是各抒己见、发表不同意见以探讨可行性，但是中国人讲究以和为贵，所以我们需要在发表自己不同的意见之前，先对他人的讲话表达"认同"，把"不"变成"是"来说。

注意，这里说的"认同"，并不是说你对别人的发言完全认可。这个"认同"是指："我站在你的角度，我同意你的观点。"目的是接下来在个人表达不同意见时更容易被他人接受。

比如可以这样说。

"前几位的发言，尤其是××讲的×××，我觉得非常……（好的感受），我听了很受启发。同时，……（表达自己的不同想法）"

"××，我非常理解你提到的……同时，你刚才给出的数据中……（表达不同想法）"

"如果这样操作，就 ×× 方面来说，……（好的一面，给予赞同）；同时，比如……我有些担心……（不好的一面，引发思考）"

"对于您提出的……（好的一面），同时，受您启发，我在想，我们是否还可以考虑这样一种做法……（表达不同想法）"

人多的会议，切记不要直接否定别人，特别是领导的讲话，我们要给别人留足面子。有些话私下单独沟通效果更好。

当你说出这样带有正能量字眼的话时，对方就很清楚，你是有不同意见的，但这样的讲话方式会让对方觉得你是在和他探讨，让对方有意愿继续听下去。

通常来说，我们在大会中发言都要尽量选择用能量语代替一些非能量语，我制作了一张非能量语与能量语的参考表格，如表 5-6 所示。

表 5-6 非能量语与能量语

非能量语	能量语
不	是
但是	同时
困难	挑战
抱歉	感谢
问题	提升空间
错误	可以更好
不要紧张	保持镇定
不想失去	我想拥有
你、我、他	我们大家
我不同意你的看法	另外一种可能

总之，我们在否定他人的时候，可以多用"或许""可能""是

否"等词语缓和氛围；避免使用"说真的""老实讲""总之"，这类词语，会给人以距离感。另外，"左右"这类不太确定的词语也要慎用，如果通过数据引用的方式来提出不同意见，使用"左右"会显得力度不够。

掌握了这些会上发言的小技巧，不但能让你在会上更好地发表自己的意见，还能给大家留下高情商的印象。

王老师敲黑板

会议发言中即兴讲话的秘籍。

如果在会议上突然被要求发言，你自己一不小心走神，实在没话讲怎么办？如何即兴表达呢？

1.你可以通过常用关键词发言，如会议发言常用到"团结、自豪、新思路、落实、重视、信念"等。

2.看到什么说什么。在之前的章节中晨琛老师提到，万事万物在某种程度上是相通的，是可以互相解释的。比如，在创新思路讨论会上，领导问："小刘，你怎么看？"这时候你看到了头顶的灯，不妨说："刚才听了大家的讨论，照亮了我的创新之路，给了我更多创新的信心……"

5.6 宴会祝辞

每逢吉庆佳节、公司年会、乔迁之喜、就学升职、婚礼庆典，抑或迎宾、招待、答谢的商务场合，总少不了设宴，宴会上通常都会有祝辞。这个时候的祝辞就是一篇简短精要的演讲，很考验演讲人的功力。

宴会祝辞不仅仅是表达欢迎、感谢，还可以烘托气氛、表达感情，更要彰显自己的身份，让听众获得愉悦和启发的同时，更好地加深彼此的情谊。因此，简短的祝辞其实是一篇高难度的演讲。

我曾经辅导一位企业家在公司周年庆典晚宴时发表祝辞，他说："第一，我要祝福无论刮风下雨一路紧跟平台打拼到今天的家人们在新历程中展现新容颜；第二，我要祝福一路支持我们有勇气跟行业老大竞争的各位供应商、渠道商、合作伙伴，祝福大家在今后的日子里更上一层楼，一览众山小；第三，我要祝福一路压制我们、反对我们，甚至诬陷我们的竞争对手，是你们让我们更有动力、更有斗志，祝福我们在彼此的'辉映'中更加强大！"

作为一家企业之主，在周年庆典中送上三个祝福，分别给到三类人群，显得很有全局观，尤其是第三个送给竞争对手的祝福，让我们感受到董事长的格局、气度和魅力。

宴会祝辞一般要满足以下 3 个要求。

格式简洁，逻辑清晰

当你参加某次宴会，被要求做一篇祝辞演讲时，你最好提前做好准备，不能临站在桌前了，才想起一句说一句，这会影响你的形象。

一篇精彩的祝辞要做到格式简洁、逻辑清晰，首先讲什么，接下来讲什么，你都要心中有数。晨琛老师经过 10 年以上时间的打磨，研究了古往今来主流祝辞，根据自身实战经验，总结了 85% 以上场景中都能套用的"万能钥匙"——"背媳妇秘籍"，即 5 个字：背、协、议、媳、妇。什么？口才课改成两性关系课了吗？别急，请看我为一些即将在婚礼致辞的朋友打造的这个模板。

德高望重的各位长辈，平易近人的领导前辈，潇洒漂亮的兄弟姐妹，天真活泼的可爱宝贝，欢迎大家光临就位！此刻，灯光音响、气球彩带将气氛烘托得让人心醉，桌上也摆满了佳肴美味，新郎新娘已经做好了准备，不要阻止世界又多了一对！

女士们、先生们、朋友们！今天，我女儿 ×× 要被 ×× 牵走了！（背：背景）都说女儿是妈妈的小棉袄、爸爸的掌中宝，今天我和孩子她妈是脱了小棉袄、送出了掌中宝。虽然对女儿留恋不少，但转念一思考，我们得感谢亲家将女婿培养得这么好，相当于咱是棉袄换皮袄，想想我该笑不该笑？感谢大家如此友好，抽空捧场一起鼓掌欢闹！（协：谢，感谢）

爱情是一种人与人之间美好、纯洁、高贵、无私的感情！他们的结合是天与地的结合，是鱼与水的结合，是山与树的结合，是唇与齿的结合，是天作之合，是万和之合！（议：意，意义）

两位新人请听我几句话：婚姻如果不经营，就会把热恋中的"一言九鼎"，说一句相当于一万句，熬成"一言九顶"，说一句怼回去一万句；婚姻如果不经营，就会把热恋中的甜蜜熬成婚后的苦涩。所以，婚前选择大于努力，婚后努力大于选择。婚前一定要睁大双眼，婚后要"睁只眼闭只眼"。我想对女儿说，只要你是个好媳妇，你就会有个好丈夫！同时，我想对女婿说，只要你是个好丈夫，我就是个好岳父！（媳：希，希望）

最后，让我们共同祝愿这对新人和天下有情人：男尊女女尊男男女平等，夫敬妇妇敬夫夫妇相亲！老让幼幼让老老幼和睦！你爱我我爱你你我同心！（妇：福，祝福）

这5个字分别表示祝辞的5个要点，如表5-7所示。

表 5-7　祝辞的 5 个要点

关键字	含义	例句
背	背景	今天是我们的恩师 80 岁大寿的喜庆日子，我们师兄弟姐妹欢聚一堂…… 今天阳光明媚，因为有在座的各位长辈和兄弟姐妹，同时还有志强和明媚人生配对，大家不要着急享用桌上的佳肴美味，先行鼓掌也不会太累
协（谢）	感谢	感谢大家能来到这里，和我们一起分享这份喜悦和快乐。 今天，我有 3 个感谢……
议（意）	意义	人与人之间最美好、最纯洁、最高贵、最无私的感情无疑就是爱情！他们的结合是人类发展历程中的又一大壮举，为人类后续发展做出了卓越贡献！他们的结合是唇与齿的结合，是脚与路的结合，是鱼与水的结合，是天与地的结合，是天作之合，是万和之合
媳（希）	希望	希望在新的一年，我们持续遵循"科学、严谨、创新"的发展方针，全面提升公司的核心竞争力
妇（福）	祝福	今天，我们畅谈离情别绪，互勉未来发展，共祝恩师福如东海、桃李满天！ 让我们共同祝福××公司开业大吉！祝福××公司红红火火、蒸蒸日上！祝福在座的各位嘉宾心想事成、万事如意！祝福我们的祖国繁荣昌盛！祝福我们的社会和谐安宁！为我们的祝福，鼓掌喝彩

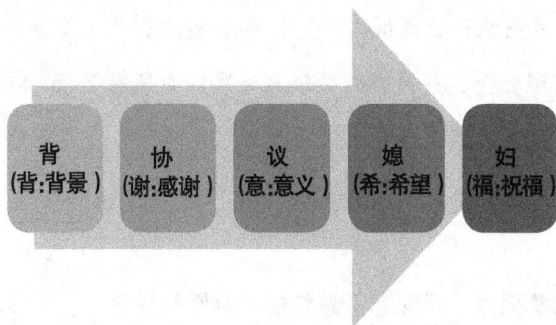

背
(背:背景)　　协
(谢:感谢)　　议
(意:意义)　　媳
(希:希望)　　妇
(福:祝福)

图 5-6　宴会祝辞的"万能钥匙"

下面我们就来看看怎样在项目开工的场景中，运用图 5-6 中的这 5

个字。

高瞻远瞩的各位领导、远道而来的各位来宾、亲爱的朋友们：

大家晚上好！

今夜，高朋满座、丹桂飘香，值此 ×× 项目开工之际（背），我谨代表公司向出席今晚宴会的各位领导、各位来宾和各位朋友表示热烈的欢迎和衷心的感谢！（协）

×× 项目是本公司今年乃至未来 20 年的头等发展项目，该项目的规划实施，对环保节能、城市建设、高科技智能化的新发展有深远的探索意义……（议）在各位朋友的密切关心下，工程建设人员在项目准备阶段努力拼搏，舍小家为大家，进展速度为近 10 年来之最。我相信，在所有关心和支持公司建设发展的各界人士及所有参加本次盛会的嘉宾亲密合作、共同努力下，该项目一定能够取得圆满的成功！（媳）

现在我提议：让我们为 ×× 项目的顺利开工而鼓掌喝彩！为我们的紧密合作、共同努力而鼓掌喝彩！为环保节能、城市建设、高科技智能化的新发展更上一层楼而鼓掌喝彩！为祖国的繁荣富强而鼓掌喝彩！（妇）

你只要把握了晨琛老师总结的"背媳妇秘籍"，什么时候都不怕宴会祝辞了。

语言利落，感情真挚

干净利落的讲话，听起来就像"胡萝卜就酒——嘎嘣脆"！但有的人讲话拖泥带水，一篇讲话下来，听众没记住别的，光记住肚子饿得咕咕叫了。这样的祝辞听起来，既乏味又无趣！

所以，好的祝辞一定要让语言干净利落，同时还要注意感情真挚，不要讲一些虚头巴脑的语言，给人一种缺乏真诚的感觉。

我们一起来看看，在公司的庆功宴上，我为一家公司领导修改的发言稿，依然可以用到我为你总结的"背媳妇秘籍"。

各位功臣们：

在今天的庆功宴上（背），我只想说：和大家在一起，我三生有幸！就在3年前，我们或许从未谋面，或许并不知道彼此的姓名，或许还有些生疏，感谢一个共同的梦想，让我们从广东走来、从湖南走来、从吉林走来、从四川走来，共同走进了同一个屋檐下，共同搭建起了我们自己的大家庭，从最初的陌生到相识、相知、相爱……（协）

特别是今年上半年，行业不景气，公司销量至少锐减50%，资金链也面临随时断裂的危险……最终，我们不得不与大家商量暂时停发一段时间工资，等危机之后，再加倍补偿！我没有想到的是，大家，居然一个也没有离开！不仅如此，为了拿到更多的订单，寻求更多的合作，大家更是主动加班，有的还买了折叠床放在办公桌底下，干脆忙完了就不回家了……通过同事们的头脑风暴、创新思维、广开言路，我们硬是在危机时刻"杀"出来一条自己独有的颠覆式创新营销方案！比如线上直播带货，这种以前我们几乎没有想过的方式，效果竟然还不错。有时候我就在想，危机有时候真是个好东西，不经历磨难如何见真情？不经历磨难如何出功臣？不经历磨难如何出业绩？不经历磨难如何变强大？

没想到这样坚持整整 93 天后的今天，我们公司总体业绩不仅没有下滑，反而第一次超越了危机前！让我们为自己的成果鼓掌！我们"××"人挺过来了！挺过来了！不经历风雨，哪里来的彩虹？我相信雨过必定天晴，迎接我们的一定是风和日丽的艳阳天，大家说是不是？因为"××"人精神不倒！一个企业最重要的是什么？是人！人在，命在，神在，魂在，希望在！大家说是不是？（议）

在未来，我希望"××"人都能以海纳百川的胸襟，在危急时刻选择最大限度地包容，只要你勇敢地迈出第一步，路就在脚下！同意的掌声送给未来的自己！（媳）

来吧，让我们唱出心中的赞歌，舞动心中的梦想，祝福大家在××平台实现经济收入最大化、幸福指数最大化、个人价值最大化！让我们为彼此对"××"平台的痴情不改喝彩！让我们为彼此对"××"平台的义无反顾喝彩！让我们为彼此对"××"平台的无怨无悔喝彩！（妇）

在这篇演讲中，我首先用"背、协、议、媳、妇"对初稿进行了逻辑整理；同时增加了一些细节，比如"一个也没有离开""买了折叠床放在办公桌底下""直播""93 天"等；接着加入了一些有文采的句子，比如"不经历风雨，哪里来的彩虹""让我们唱出，心中的赞歌，舞动心中的梦想"等；最后加入了提问、鼓掌等互动，从而把真挚的感情表达到极致。

借助名篇，巧用道具

很多学员跟我分享："晨琛老师，我肚子里没词儿，我不知道在送上祝辞的时候说啥。"这是一个好问题，如果你也有同感，下面的秘籍可要仔细听啦。

（1）借助名篇，即景生情

比如，跟同窗聚会的时候，可以送上这样的祝福：

"举头望明月，低头思同窗。祝福跟我一起苦读 3 年的战友们，在毕业后依然是一只可以随时作战的雄鹰，翱翔天下！"

相信聪慧的你已经发现了，这个祝福的开头改写自名篇"举头望明月，低头思故乡"。怎么样，从小就会背诵的诗词，用到祝辞中很简单吧？再比如，"爱过知情重，别过知意浓，人来人去终是空。别想那么多了，活在当下，珍惜当下，现在你又回来了，我们现在在一起就好。祝福我阔别三年的闺蜜早点找到意中人嫁到我们城市啊，那样我们就天天在一起啦。"

第二个案例改写自歌词《女人花》中，"爱过知情重，醉过知酒浓，花开花谢终是空。"我经常跟学生开玩笑，会唱歌就会表达。发表祝辞的时候，我们可以根据当时的情景，联想我们脑海里面已经储存的名篇，可以是诗文、歌词、流行段子等，对其进行改写便可使用。

（2）借助道具，独树一帜

宴会用餐时，我们吃的菜品，也可以成为我们讲话的道具。如何通过吃鱼来送上祝辞呢？比如：

"各位来宾，大家请看刚刚上来的这条浇汁鱼，吃鱼头，独占鳌头；吃鱼眼，富贵齐天；吃鱼嘴，有爱相随；吃鱼骨，中流砥柱；吃鱼腹，推心置腹；吃鱼尾，年年回味！

来，祝福我们吃鱼的朋友年年有余、事事如意！

再比如，婚宴或生日，也可以借助蛋糕发表祝辞：愿你俩的爱情（愿你的人生）像蛋糕的形状一样圆圆满满，像蛋糕的颜色一样，纯净洁白，像蛋糕的味道一样，甜甜蜜蜜。

这样一来，大家就会被你这套风趣幽默且独树一帜的祝辞所感染，立刻打成一片！

除了食物可以作为道具外，餐具、环境、大屏播放的内容等都可以作为我们的祝辞道具。

王老师敲黑板

1.宴会祝辞参考模板：

"让我们

为（人丨事丨物）……（愿望）……喝彩!

为（人丨事丨物）……（愿望）……喝彩!

为（人丨事丨物）……（愿望）……喝彩! "

注意，范围从小到大、情感由弱到强。

2."背、协、议、媳、妇"的五字工具并非只能用于宴会的场合，在其他场合，如竣工仪式、开工庆典、开幕式、闭幕式、新闻发布会、展销会、年会、合作会、欢迎致辞等绝大部分场景下都可以使用。